CHLOÉ HOLLINGS

ENTIÈRE

Comment mon corps m'a sauvée

PAYOT

Retrouvez l'ensemble des parutions
des Éditions Payot & Rivages sur :

payot-rivages.fr

À Elios

Tu n'as pas besoin d'être sage.
Tu n'as pas besoin de parcourir à genoux
cent kilomètres dans le désert, en te repentant.
Il te suffit, simplement, de laisser le doux animal de ton corps
aimer ce qu'il aime.

Mary OLIVER, *Wild Geese*[1]

La vie n'est rien de prévisible ni d'arrangeant. Elle fond sur nous comme le fera plus tard la mort, elle est affaire de désir et le désir nous voue au déchirant et au contradictoire. Ton génie est de t'accommoder une fois pour toutes de tes contradictions, de ne rien gaspiller de tes forces à réduire ce qui ne peut l'être, ton génie est d'avancer dans la déchirure, ton génie c'est de traiter avec l'amour sans intermédiaire, d'égal à égal, et tant pis pour le reste. D'ailleurs, quel reste ?

Christian BOBIN, *La plus que vive*

1. Ma traduction.

AVANT-PROPOS

Ce livre s'adresse à toi, si tu te sens seule. À toi, si tu traverses de plain-pied une catastrophe naturelle de la féminité, et imagines devoir la vivre à l'écart des autres. Loin du village. Pour l'en préserver et, sans doute, pour *te* préserver. Car tu ignores peut-être quels mots déployer, dans quelle tonalité aborder le thème. Ce livre est à toi, si tu n'imagines pas que quiconque comprendrait la nature de ta peine, ni ne saurait te lancer une bouée de paroles enveloppantes. Si tu as survécu à des ouragans nés dans ta chair, que les années, la prière ou toutes les drogues du monde ne réussissent pourtant pas à consoler. Si tu as perdu foi en ton corps. En ton intuition. S'il t'arrive de faire mine de t'en foutre. De minimiser. De donner à ton corps le moins de place possible pour que ce qu'il s'acharne à exprimer te paraisse un peu moins réel. Bref, si tu as cru à la Féminité avec un grand F, telle qu'on te l'avait vendue dans les publicités – couleur rose, senteur fleur d'oranger, légère à porter et limpide dans sa progression, mais totalement désincarnée –, cet espace est le tien. À toi qui as cru que tu avais loupé un coche, ou foiré, ou fauté, toi qui, sous prétexte que tes larmes ne tarissent pas, te demandes *mais qu'est-ce qui ne va pas chez moi ?* – tu es au bon endroit.

Pendant très longtemps j'ai souffert isolée, parce que la société au sens large m'avait laissé croire qu'en tant que femme, j'étais toujours un cas à part. La seule à ainsi galérer, à rencontrer telle ou telle problématique qui touchait à mon sang, à mes muqueuses, à mes ovaires, à mon ventre.

Or, cette solitude est un mirage. Nous sommes des millions. Une armée de blessées, d'endeuillées, qui chaque jour, à quelques pas les unes des autres, recouvrons nos plaies d'un mélange de pudeur et de honte – quand bien même leurs vertus antidépressives restent à prouver.

Je me garderai bien de donner ici des leçons, de dire à qui que ce soit qu'il faut agir comme moi. Je souhaite plutôt la mort de toutes les injonctions. Je sais seulement que la solitude a pour plus grande alliée le silence.

L'heure est venue de m'en libérer.

PROLOGUE

À vingt ans, j'étais déjà dégoûtée de la féminité. De tout ce qu'elle englobait à mes yeux : mon corps, mon sang, ma sexualité, mon rapport aux hommes et, aussi, aux autres femmes. J'étais déçue que ma féminité ait si insidieusement trahi ses promesses. Car en tant qu'enfant née à la fin des années 1980, j'avais projeté la ferme intention d'adorer cette ère de ma vie. Ma vie d'adulte, de *grande*. À la fois ligne d'arrivée et point d'un départ nouveau, ne constituait-elle pas le but même de mon existence ? Après tout, mon évolution me poussait inexorablement, étape après étape, vers ce zénith dont le chemin portait le parfum de l'évidence : bébé, fillette, ado... *femme* ! Naïve, j'avais alors imaginé son portail s'ouvrir automatiquement sur ma liberté, ma jouissance, une créativité infatigable et une joie non négociable. Un corps ayant trouvé ses contours, facile à assumer, mêlé à de l'assurance, et voilà ! Une vie exaltante, pleine d'aventures libératrices semblait vouée à émerger de ces fusions.

En plus, j'imaginais que ce serait facile.

Que j'épouserais spontanément ma forme, comme la ligne d'horizon finit par se fondre avec le ciel. Mais plus je me rapprochais du moment où je pourrais, sans peur, étendre mes ailes, plus je me voyais démunie. Constatais qu'au contraire, cette féminité fourbe m'échappait complètement. Aussi proche de moi que mon propre souffle, aussi insaisissable.

Dès la fin de mon adolescence je me trouvais déjà bancale : subissais une libido timorée, des règles en plein burn-out, une image de moi déficitaire, une confiance réfugiée à toute heure au fond de mes chaussettes. Mon corps était un terrain miné – moi la première, je ne m'y sentais pas la bienvenue.

Car ce corps – censé m'appartenir mais duquel je me sentais formellement à la merci – n'hésitait jamais à me trahir. Quand je l'implorais de maigrir, il grossissait. Au matin d'une sortie de classe, je me réveillais le visage tapissé d'acné. Toujours attirée par les *bad boys*, merci à une intuition à côté de la plaque. Je faisais l'amour et recevais des cystites en retour, à moins d'être d'abord coupée dans mon élan par mes règles tortueuses débarquant en cascade.

Lors de ma première longue relation sentimentale, de mes quinze à mes dix-huit ans, j'ai même découvert qu'il était possible d'être amoureuse d'un garçon, de le trouver beau comme un astre, d'être aimée en retour, et après seulement quelques semaines, ne plus éprouver la moindre envie sexuelle à son égard. Je tentais de bricoler, rien à faire : mon érotisme, tombé dans le coma, résistait aux stimuli. Mon corps, sans bonne explication, s'était désolidarisé de mes sentiments. Si bien qu'il m'obligeait, pour garder cet homme – dont je disais qu'il deviendrait celui de ma vie – à fournir des efforts monumentaux pour déjouer ma frigidité précoce. À simuler au lit, parfois. À me forcer, le plus souvent.

La réalité ne collait pas au rêve fantasmé.

Petite fille, j'avais pourtant guetté les signes avant-coureurs de ma féminité à naître comme on attend le coup de foudre ! Je devinais ce territoire joyeux. M'imaginais le parcourir le cœur léger. En recevant tous les vingt-huit jours des visites de mes règles, a priori indolores et fiables comme la pleine lune. En tombant amoureuse. En gagnant mon propre argent. En ayant un appartement à moi, en étudiant à la fac, en choisissant un métier passionnant, en gérant moi-même mon temps, mes relations sociales, en prenant mon pied sexuellement et puis, en faisant des enfants.

Depuis mes neuf ans, devenir maman avait été mon idée fixe. J'avais toujours ouvert grand les yeux et les oreilles devant les histoires d'accouchement des amies de la famille, pris des notes sur les théories de Françoise Dolto. Dès mes onze ans, j'avais baby-sitté quantité de bambins, m'entraînant à discipliner avec bienveillance. Investie, déjà. Mais comme la maternité ne m'était pas accessible dans le pays des petites filles, devenir femme constituait, en ce qui me concernait, une urgence.

Alors le jour où, pour la première fois, j'ai découvert une petite flaque de sang, rouge brillant, dans ma culotte, j'ai intérieurement hurlé de joie. *Ça y est !* Ne me trouvant pas chez moi, mais entourée d'adultes qui n'étaient pas des proches, je me suis tue, retenant ce secret si doux contre mon sternum. Pour rentrer à la maison, j'ai traversé Paris en métro, assise sur des matelas de papier toilette en guise de protection, telle la princesse au petit pois. Je ne me sentais pourtant pas princesse, mais reine sacrée. Douze ans, mon visage éclairé comme le seul lampadaire du village, vibrante et fière. Quand j'ai passé la porte d'entrée, ma mère lavait la vaisselle. Je me suis postée devant elle et j'ai procédé à mon annonce prestigieuse : « Maman, j'ai eu mes règles ! »

Sonnée, elle retire ses mains de l'eau savonneuse grisâtre, s'essuie sur son jean déjà taché cent fois en une matinée, se retourne vers moi et me regarde. Émue. Elle sourit et, des larmes dans la voix me dit, avec un accent britannique à couper au cutter : « Tu es une vraie femme maintenant. »

Bien sûr, elle avait tort. Les règles ne font pas la femme et j'allais l'apprendre à mes dépens. Mais pour l'heure je me sentais validée et sur la bonne voie, que du bonheur !

Où s'en est allée cette félicité ?

Une ombre s'est peu à peu penchée sur mon enthousiasme sans même que je m'en aperçoive, au cours des années qui suivirent. D'abord, je me suis rangée du côté de la rumeur. J'ai étudié mon sang avec dégoût. Déploré son odeur nauséabonde. Comme les autres, j'ai regretté d'être empêchée dans mes mouvements. J'ai haï mes crampes et pesté contre ma condition, selon la coutume. L'expérience d'être une femme m'étant le plus souvent décrite comme une tare, c'est dans la douleur, l'injustice dont mes règles étaient devenues le parfait miroir, que je choisissais de la reconnaître.

Et puis, j'étais déçue des mâles adultes qui, dans la rue, rendaient mes trajets gênants en s'hypnotisant devant ma poitrine naissante. Gardais en tête le quotidien inégalitaire de ma mère et de ses amies. Dans la vie comme dans les films, on exposait leur lutte davantage que leurs victoires. Lutte contre les hommes qui abusaient, contre une société de consommation harceleuse et vorace qui dictait que l'action de *prendre* – des rides, des kilos, des années – constituait pour nous un crime, et, en somme, lutte constante contre nous-mêmes.

À douze ans, j'apprends l'existence des hormones, ces créatures apparemment indomptables sorties de nulle part. Ou plutôt : sorties de moi, puisque je suis celle à les produire soudain en quantité industrielle. Sauf que, ce que les hormones me chuchotent, je dois soupeser sans cesse. Car, me dit-on, je deviens irritable sous leur influence, pleurnicheuse, irrationnelle, bref : un petit démon.

J'en ai la preuve moins de vingt-quatre heures avant mes premières règles.

La nuit tombée, à l'heure où les loups deviennent garou, ma mère était rentrée du bureau avec un carnet à dessin pour mon petit frère de huit ans. En constatant que j'avais été laissée pour compte et qu'aucun carnet à dessin ne m'était réservé, j'avais littéralement vrillé. Tragédie épique en cinq actes. Face à ma détresse, audible depuis l'espace, ma mère avait désespérément tenté de me ramener à la raison, une certaine terreur dans son regard, « Mais enfin Chloé, tu n'aimes pas dessiner ! » C'est vrai qu'à l'époque j'étais plutôt H&M que Crayola. Mais je ne voulais rien entendre. Mes larmes, comme un torrent, cascadaient jusqu'à ma clavicule ; en reprenant mes respirations, je provoquais des chutes atmosphériques.

Hormonalement chargée, j'avais découvert un nouvel espace, jusqu'alors ignoré, de cette féminité tant espérée. L'heure n'était pas, comme je l'avais innocemment fantasmé, à la fierté, à la conquête ou à la liberté. Je venais de faire mes premiers pas dans l'ère de la *méfiance*.

Devenir une femme, c'est se méfier. Avant tout de soi-même.

Fini, le temps où je faisais une avec ma nature. Ce que le corps me demande, je dois le lui refuser. Des pâtes, du gras, du sucre : non. Du plaisir, du sexe : non plus. Des désirs qui émergent, je préfère avoir honte, cela m'évitera de les explorer et de prendre de dangereux risques. Attention, m'avait dit maman, à partir du moment où tu auras tes règles, tu pourras tomber enceinte. Danger du corps, et encore une fois, des hommes, qui provoqueront de manière forcément autocentrée cette grossesse. De la société, qui sera là pour juger sévèrement le moindre faux pas.

La joie d'être femme n'était pas au programme.

M'entourant de ses bras, la société aurait pu m'enseigner le chemin vers cette allégresse mais ses priorités étaient autres. Avant d'implanter profondément en moi une fierté, une joie de vivre stimulantes qui me revenaient de droit, on m'a d'abord appris à me déserter. À me fragmenter. À me couper de mes profondeurs. C'est le lot de tout enfant *sage*. Esquiver ses intuitions, ronger son frein devant des adultes intrusifs, demeurer plaisant, même sans conviction. Apprendre à mentir et à *se* mentir. Au lieu de m'habituer à reconnaître les signes qui indiquaient que je me fissurais intérieurement, je m'y suis âprement habituée. Si bien que, lorsque des facettes de ma féminité ne m'ont plus paru ni sécurisantes, ni sécurisées, à force des messages externes glauques que je recevais à leur propos, j'ai intérieurement délaissé ces zones. En moi, elles sont devenues villes fantômes.

Alors, deux réalités ont dû se chevaucher. D'un côté, je n'entretenais avec mon corps qu'un lien ténu, fragile et superficiel. J'attendais de lui une attitude jadis réservée aux enfants : qu'il soit vu, mais pas entendu. Sage comme une image. Qu'il ne prenne surtout pas part à la conversation des « grands ». Mais, d'un autre côté, le corps des femmes fait, en tant qu'objet de discussion, un brouhaha auquel il est impossible d'échapper. On en parle dans les médias, dans les débats politiques, dans la rue. On l'aperçoit, dénudé, sur les couvertures de magazines et dans les publicités. Et bien entendu, il ne sort jamais de nos pensées – on songe à le raffermir, à le modeler, à lui résister, à décider s'il est ou non approprié de lui offrir du gluten, du lactose, du bon gras ou du kombucha. Au final, c'est comme si la seule place acceptable pour le corps était de n'exister que dans nos têtes. Mon corps était une belle idée… mais il ne m'appartenait toujours pas.

À vingt ans, la pâte ayant fini de poser, je n'étais plus *intègre*. Un tri avait pris place à mon insu, des portions de moi jugées « gênantes » avaient été anesthésiées. Mes zones trop doucereuses devenues du cuir, je reflétais, non pas ce que j'avais rêvé de devenir, mais ce que la société m'avait sommée d'incarner : une femme courage. Multitâche, blindée, perfectionniste. Qui avance comme un tank en s'assurant de ne jamais encombrer. Une femme *forte*. De celles qui encaissent. Qui veulent accomplir du grandiose en un temps record, le plus souvent en solitaire, à la rame s'il faut, sous-alimentée, tremblante, maintenue hydratée de justesse (certes par l'ingestion de sa propre urine, et alors ?), mais qui s'acharne à prétendre en public que sa traversée s'est déroulée de façon *virile* : quasi sans effort, surtout sans émotion. J'étais de celles pour qui gravir une montagne ne suffisait pas : il me fallait la soulever. À mains nues et en simulant l'orgasme.

Ma valeur se situait là : dans une existence conquise à la force du poignet.

Mais, ressentie ? Jamais.

Si bien qu'au jeu de la vie, je partais à la fois perdante *et* désarmée. Prête à me faire boxer, mais sans gants, ni le moindre outil pour me construire en osmose avec les réalités de ma nature. Les fausses couches, les IVG, l'accouchement, le post-partum, les déchirures du ventre ainsi que la ménopause, me semblaient insondables. Les deuils qu'ils nécessitaient, inimaginables. Pourtant, les probabilités que j'en fusse un jour affectée, directement ou non, n'étaient pas faibles. Le silence jeté sur ces sujets était au mieux absurde, au pire criminel. On ne cache pas à l'oisillon l'existence du sol... On lui infuse les secrets de l'atterrissage.

Le soleil se levait sur ma vie d'adulte indépendante et voilà qu'on me lâchait en pleine société en habit de briques, trois tampons dans une main et la pilule dans l'autre, en me souhaitant bonne chance. Mais je n'avais pas besoin de « chance ». Pour espérer kiffer ma vie de femme, toucher la joie haut placée que je visais pour mon existence et m'impliquer intentionnellement dans mon déploiement, je devrais rappeler à moi ce dont, précisément, j'avais été dépouillée : des connaissances, une saine curiosité, toute la puissance de ma créativité, une douceur fondamentale à mon égard et à celle de mon corps. Pas davantage de bravoure, de force ni d'intelligence...

Mais plutôt, une sacrée audace.

I

Le bouclier

1
Foudroyée

Après ma fausse couche, j'avais moi aussi cessé de vivre – j'étais juste trop occupée à pleurer pour m'en rendre compte. Il m'aura fallu un certain temps avant de m'avouer que, décidément, mon centre de gravité chancelait depuis que j'avais perdu un bébé. Qu'il ne me ressemblait pas, le voile dépressif qui s'était déposé sur mon être comme une deuxième peau. Pas à cause du fait que je ne portais plus la vie. Mais à cause du fait que, désormais, mon ventre incubait *autre chose* que la vie : le silence qui lui succède.

Quatre semaines après l'événement, je pleurais autant que dort un nouveau-né : en continu, ponctué de courts moments d'éveil. Je restais sans larmes juste assez longtemps pour regarder un nuage passer, pour croquer dans un morceau de brie et le mâcher mollement, pour allumer la télé et changer trois fois de chaîne. Puis, de plus belle, je m'effondrais.

Je me souviens de larmes qui ruisselaient de moi comme si on avait ôté un joint à mes tuyaux lacrymaux, et s'échouaient sur mes cuisses. De mon ventre qui se tractait loin vers l'intérieur comme la mer avant le tsunami, annonçant la houle violente de sanglots qui se préparait. De ma mâchoire inférieure molle sans cesse attirée par le sol. De mon regard inhabité.

Ce qui subsistait de vif ? Mes pensées. Obsessionnelles, innombrables, elles tournaient en boucle comme un riff. Aurait-ce été une fille ou un garçon ? Né à quelle saison ? Sous quelle étoile ? Avec quel prénom ? Et aurais-je décidé de le garder, si j'avais au moins eu ce choix ? Des questions profondes, essentielles : chacune parfaitement inutile.

Je venais de fêter mes vingt ans.

À l'heure où elle était censée m'ouvrir les bras, la vie avait fermé une porte.

J'étais du mauvais côté. Barricadée.

Je n'avais pas eu de chance et, en même temps, en étais gavée : la chance de vivre dans une capitale, d'avoir un accès privilégié aux soins, d'être relativement dégourdie et, peut-être plus précieuse encore, la chance de ne pas trop mal me connaître, à ce jeune âge.

Si bien qu'au bout d'une dizaine de jours d'une tristesse inépuisable, mais épuisante, où je n'arrivais ni à me préparer à manger, ni à abandonner mon pyjama, j'ai dû regarder la réalité en face : ce n'était plus tout à fait Chloé qui logeait à sa place. Terrifiée par une telle prise de conscience, j'ai chopé le téléphone et ai appelé mon gynécologue sans plus attendre.

« Allô ! bonjour docteur, ai-je émis d'une voix fluette en déclinant mon identité. Je ne sais pas si vous vous rappelez de moi, je suis la jeune fille qui a fait une fausse couche il y a environ un mois et, c'est bizarre, je n'arrive pas à m'en... »

Stop. Boule dans la gorge. *Putain de larmes.*

« Enfin... je ne vais pas très bien. Est-ce que vous pourriez me recommander un psy ? »

Ce n'était pas l'objectif principal de mon appel mais, secrètement, je m'attendais à un peu d'empathie de sa part. Non qu'il me cajole à outrance. Mais, éventuellement, qu'il m'offre quelques conseils avisés, valide mes difficultés ou, juste, en fasse davantage que de me balancer mécaniquement un nom accolé à un 06. Ce qu'il fit précisément, avant de raccrocher.

Mais ce qui est bien, quand on manque d'énergie, c'est qu'on en possède parfois trop peu pour s'offusquer. Ne sachant pas ce qu'il m'était permis d'espérer, j'ai ravalé ma déception, préférant me consacrer à composer immédiatement le numéro qu'il m'avait confié. Puis j'ai pris rendez-vous avec la thérapeute, une dame dont j'ignorais tout sauf les coordonnées.

Deux jours plus tard, avec la même abnégation que j'aurais pu déployer pour sauver un faon d'une maison en feu, je me suis extraite de mon lit, ai enfilé un vêtement propre pour la première fois en dix jours afin de me présenter, dos fané, yeux miroitant le gris du trottoir, devant un bel immeuble du 9e arrondissement de Paris. Arrivée devant l'interphone, j'ai jeté un coup d'œil à sa plaque dorée. Sous le nom écrit en toutes lettres, on pouvait lire : « Psychologue clinicienne – Hypnothérapeute. »

Intriguée, j'ai appuyé sur le bouton.

Pour tout espoir : aller mieux. Redevenir *fonctionnelle*.

2

Obstinément insouciante

Ma grossesse m'avait été annoncée quatre semaines auparavant, en même temps que sa possible fin. Je ne m'y attendais absolument pas, ni à l'une ni à l'autre, malgré quelques symptômes dont j'avais manifestement fait le déni.

Faut dire que ma vie d'adulte, ayant à peine bondi de ses starting-blocks, me distrayait bien. Depuis juste quatre mois, je ne vivais plus chez mes parents. J'avais réussi l'exploit de récupérer un appartement que j'adorais, près de la butte Montmartre. Je prenais des cours de théâtre le soir, répétais une pièce de Molière la journée. Et depuis trois mois, j'avais même un copain. Un mec avec qui ce n'était ni sérieux ni pas sérieux. Un homme de quatorze ans de plus que moi, vraisemblablement que de passage dans ma vie. So what ? J'étais indépendante : une première ! Chaque bouffée d'air que je prenais avait le goût de printemps.

Je sors donc de la douche par un joli jour de juin. L'esprit léger, la poitrine à l'air, obstinément insouciante, musique à donf, cheveux mouillés, caressés par une brise tiède qui se faufile par la fenêtre entrebâillée du salon. La vie allongée devant moi. Depuis ma chambre, la sonnerie du téléphone retentit. Pieds nus, je sprinte d'une pièce à l'autre, semant derrière moi des flaques d'eau sur le parquet comme autant de canetons qui me suivraient en enfilade. Essoufflée, j'agrippe mon téléphone comme si ma vie en dépendait.

Parce que… ma vie en dépendait.

Comme toute jeune comédienne, je place dans chaque appel vers moi un monumental espoir. S'agit-il d'une proposition de boulot ? D'un directeur de casting pressé de me féliciter ? Quentin Tarantino en personne ?

Le numéro inconnu qui s'affiche confirme la possibilité de l'un de ces trois scénarii. Je me recentre rapidement, inspire-expire, croise les doigts-touche du bois, retenant d'une seule main une serviette de bain qui menace de se désolidariser de mes hanches trop fines de Parisienne complexée. Je décroche, surjouant une assurance feinte et m'offrant, telle l'écolière devant sa maîtresse, au non-identifié qui m'appelle. Plaçant stratégiquement un gloussement dans ma voix, à la fois aguicheur et maternel, comme on le fait dans les publicités pour de l'eau de Javel, je susurre : « Mmmoui'âllô ? » Mais la voix à l'autre bout, celle d'un homme, me répond sans affect – surtout, sans accent américain.

Ce n'est donc pas Quentin.

Juste mon gynéco.

« Ah… Comment allez-vous, docteur ? »

Sachant que si nous sommes là, chacun à un bout de ce fil invisible, ce n'est certainement pas pour parler de lui, ni même de moi, mais plutôt de mon utérus.

J'avais déjà oublié que, quelques jours auparavant, je l'avais consulté. D'étranges saignements sortis de nulle part, d'abord confondus avec des règles, m'avaient pliée en origami pendant vingt-quatre heures avant de disparaître brusquement. Ce nouveau docteur m'avait alors examinée, et ordonné une prise de sang. Ce ne serait certainement pas du Tarantino, mais j'allais enfin connaître la fin du film.

3

Irresponsable

« Mademoiselle, vos résultats présentent un avis de grossesse. »

Je coupe la musique.

Ma serviette, prise de court elle aussi, tombe au sol, tandis que ma voix perd trois octaves : « Vous pouvez répéter ? »

Mon corps se gèle au son de l'annonce qu'il réitère, comme d'immenses blocs de glace qui se cristalliseraient autour de mes organes vitaux. Ma mâchoire se fige, entrouverte. Mes sourcils se fossilisent. Je pourrais presque croire que tout s'arrête autour de moi, mais pas du tout. Ici même, tout commence.

Ma vie d'adulte, ma vie de femme, enfin bref : les problèmes.

« Avis de grossesse » n'augure rien de bon. *Avis de* n'annonce jamais une aventure joyeuse. On dit : « avis de tempête », « avis de décès ». On ne dit pas : « avis de douces températures » ou « avis de chatons adorables ». Vu la sidération qui s'abat sur moi, je pourrais halluciner si mon interlocuteur me demandait mon *avis* : « Dites, Chloé, vous prendrez un peu de grossesse ? » Mais pas du tout. « Avis de grossesse » signifie « grossesse au radar », signifie « c'est trop tard », signifie « eh, toi là, il semblerait que tu aies fait une immense connerie ».

Avide grossesse…

Un essaim d'émotions contradictoires, du désespoir à l'excitation de l'inédit, bourdonne autour de moi. Je prends conscience que je suis nue.

Sans lâcher mon interlocuteur, je m'enroule dans ma couette, m'assois à même le sol ; un parquet sage de deux cents ans capable mieux que moi d'absorber l'onde de choc. De l'autre côté de la fenêtre, le ciel resplendit. Quel gâchis.

La possibilité d'une grossesse ne m'avait même pas caressé l'esprit, alors de deux choses l'une : soit je ne sais pas comment sont faits les enfants, soit je me suis prise pour un dieu tout-puissant. Car il ne faut pas maîtriser la géométrie dans l'espace pour imaginer comment je me suis retrouvée dans cette barque trouée. La cause en est : un banal rapport sexuel non protégé.

Nul, je sais. Zéro mystère. Irresponsable, de surcroît.

Dans le top 3 des raisons qui expliquent nos rapports sans latex, l'écologie n'y figure même pas : lui se croyait stérile (sans n'avoir jamais effectué de test, OK…) et moi, en l'absence de cycles menstruels réguliers, conclus que je n'ovulais pas. Ah ! Et je l'ai cru sur parole, aussi. Y a ça…

Besoin de m'allonger. De faire la planche. De prendre le plafond blanc comme unique horizon. Mais au téléphone, le gynécologue m'enjoint de refaire des examens. De vérifier si la grossesse tient toujours ou si elle s'est interrompue d'elle-même. Car si elle est en cours, je devrais me décider : garder le bébé, ou non ?

Mamma mia…

J'ai répétition théâtrale dans quarante minutes et ne suis pas habillée. Dans une semaine, on joue notre première. Je dois passer voir la costumière. Finir d'apprendre le monologue de l'acte II sur lequel je bute…

Surtout, ne rien laisser transparaître.

Mettre mon cœur à l'abri. Le border, dans son gilet de sauvetage, puis tirer fort sur les languettes.

Le voilà, bien enserré.

Il ne bouge plus.

4
En apnée

À partir de cet instant, plus rien ne me semble naturel. Je vis en apnée.

Il faut annoncer à mon metteur en scène et à l'équipe de comédiens que je compte m'éclipser quelques heures, le temps de faire une petite prise de sang.

Comme elle est acide, la sensation qui affleure ! Celle d'abuser.

Comme si, collégienne, je cherchais à sécher les cours. Comme si, rétive, je me dérobais au travail d'équipe. Je ne suis pas persuadée de la légitimité de réclamer ce laps de temps, pris « pour moi ». L'est-il réellement ? Une recherche de Bêta hCG n'équivaut quand même pas à la recherche du point G, niveau plaisir… Même si les deux sont étroitement liés. J'ai bien intégré que manquer à ses devoirs pour une angine blanche est autorisé, mais je suis à court d'exemples de femmes qui auraient pris congé pour raison gynécologique. Cela, je le sais, ne se *fait* pas.

Une fois congédiée, je cavale au labo, vivifiée par ma culpabilité. Tandis que je slalome, essoufflée, entre des Parisiens que je juge désespérément lents, je ne suis pas en train d'envisager le possible résultat, ni ses conséquences éventuelles sur ma vie perso, ma carrière, celle de mon mec. Je veux aller vite pour ne pas faire peser sur autrui les conséquences de mes actions irréfléchies. Mon urgence, ce sont les autres. Je ne vois pas la nécessité de me poser la moindre question essentielle, *Qu'est-ce que je ressens, au juste ?* Pas le temps.

L'infirmier du labo interrompt mon vacarme interne en écorchant mon nom. Au fond de moi, j'espère trouver en ce soignant une épaule sur laquelle me reposer. Un peu.

Il m'invite à m'asseoir sur un fauteuil en similicuir verdâtre qui trône dans une minuscule pièce, puis à lui dévoiler ma plus belle veine. Je joue avec son regard à fuis-moi-je-te-suis. Lui, concentré sur son aiguille, s'agace un peu : « Serrez bien le poing, mademoiselle, s'il vous plaît. » S'il savait… Je ne fais que ça… Les dents aussi, je les serre. Et les fesses.

Solitude profonde. Même à deux dans un minuscule cagibi, je me trouve aussi isolée que je le serais sur une île artificielle.

« Voilà, fini. Vous aurez les résultats demain », balance-t-il, sa plus exquise attention adressée aux étiquettes qu'il applique sur les tubes. Je ramasse mes affaires à la va-vite. Après une hésitation je lui dis au revoir et dans ma gorge, une pointe de regret. L'opportunité de me confier un instant à lui, perdue à jamais.

Tant pis, trop tard, faut avancer. Courir dans le sens inverse cette fois, vers le théâtre. Me confondre en excuses. Reprendre les répétitions, chercher mes repères. « Vous en êtes où, là ? » Encaisser leurs regards sur moi, que je surinterprète. « Ils me détestent tous. » Ne plus savoir me fier à mes perceptions. Buter de nouveau sur le monologue de l'acte II que je n'ai pu réviser. Me sentir à côté de la plaque. Ravaler mes larmes. C'est de ma faute, de ma faute, de ma faute. Noter en moi-même que je ne suis à la hauteur de rien.

Les répétitions finies, je file droit.

Cette fois, pour aller retrouver le mec qui, dans ma vie, vient de gagner une sacrée promotion. Celui à qui je vais avoir le bonheur d'annoncer l'heureuse nouvelle, à savoir qu'il n'est pas stérile – wow ! Mais à qui je vais, en une pierre deux coups, annoncer la malencontreuse nouvelle, à savoir que je me trouve actuellement porteuse de sa progéniture – ouh... J'ai comme la sensation d'être cette personne qui, devant toutes les caméras du monde, confondra dans quelques années gagnant et perdant aux Oscars...

Je l'aperçois, de loin, assis à une terrasse de café, entouré de ses comédiens. Il vient de finir de répéter, lui aussi, une autre pièce qu'il met en scène.

En cette fin d'après-midi, le ciel est encore d'un bleu puissant, le soleil projette sur la rue ses rayons incisifs. La lumière picote et croyant s'en protéger, beaucoup lui tournent le dos.

Gare aux ombres.

5
Double

Je lui souris de loin, joyeusement. Je possède ce pouvoir-là. Celui de me fragmenter, de filtrer la vie en rose. Ne pas inquiéter : telle est ma devise, tant consciente qu'inconsciente. Mieux : telle est ma bouée de survie. C'est *moi* qui m'inquiète pour les autres, pas l'inverse.

Je salue tout le monde avec la légèreté, l'élan d'une brise fraîche, en passant des uns aux autres, *ah coucou !*, je me penche en avant, *ça va et toi !*, les bises claquent, *hahaha !*, mes longs cheveux se mêlent aux visages de ceux que j'embrasse, *bonne journée ?*

No comment.

Je commande un verre. On bavarde, on sirote, on croque, on dénoyaute, on mâchouille des cure-dents. Nos mains pleines de gestes et nos gorges, d'éclats de rire.

Mes épaules chargées d'une féroce responsabilité.

Mon cœur : de battements qui s'entrebattent.

J'attends.

Comme une femme enceinte attend.

Et lorsque tout a été dit, que les verres sont vidés, les cacahuètes ingérées, l'addition payée, qu'on s'est dit *au revoir*, puis *à demain*, nous partons de notre côté, lui et moi, et tout est normal, mais rien ne l'est. C'est mon secret.

Le moment est mûr et prêt à être cueilli, je pourrais m'en emparer, mais j'ignore quelle attitude prendre.

Concrètement, cette histoire ne représente rien. Je ne vais pas élever un enfant avec cet homme. Mon cerveau le *sait*. Je suis consciente que, a priori, il ne s'en émouvra pas. Si la grossesse a tenu, nous adhérerons ensemble au choix d'avorter, et ce, sans suspense. Nous ne sommes pas suffisamment amoureux, je suis très jeune, trop pauvre, je couve quantité de rêves qui nécessitent un espace-temps qui me permette quelques risques. Un enfant, là maintenant, serait incompatible avec cette réalité.

Mais tout aussi concrètement, cette histoire me semble immense. Signifiante. Elle me touche dans les interstices des couches profondes et subtiles de mon être. Je n'ai jamais senti mon corps meuble à ce point. Même si je ne m'étais pas aperçu que j'étais enceinte, je me savais traversée par *quelque chose*. Je percevais bien cette douce tornade. Aux longues siestes auxquelles je ne trouvais pas la force de résister. À mes tétons douloureux contre le soutien-gorge. Aux centimètres perdus au niveau de la taille, malgré des envies de gâteaux irrationnelles. Et aussi à cette impulsion venue subitement, me semblait-il de nulle part, d'arrêter la consommation de caféine, même dans les thés du matin.

Ce à quoi mon mental s'est éduqué – cacher, omettre, tromper, taire, minimiser, duper, surjouer, saboter, y compris soi –, mon corps l'ignore. Je le sens plus que jamais amarré à la nature. Puissant comme une vive-eau, inarrêtable comme le cycle des saisons. Dès que la vie fut en moi, en moi la vie s'est déployée. Je ne peux me résoudre à jeter comme un mégot l'immensité dont j'ai été sacrée.

Mais voilà : comme je suis incapable de mesurer l'amplitude d'une telle annonce – se range-t-elle dans le camp de l'atome ou du cosmos ? –, je hasarde ma formulation. Plus inquiète de ses besoins que des miens. Je me dis : « N'en fais pas tout un plat » au cas où il n'aurait pas envie d'en faire tout un plat. Je me dis : « Sois un peu solennelle quand même », au cas où, sait-on jamais, cette annonce lui chatouillerait le ventricule droit, ou lui fasse dessiller les yeux sur un désir refoulé de paternité. C'est sans doute en moi-même que se trouve la juste réponse. Encore faudrait-il que je sache décrypter mes propres émotions...

Peu importe, je me lance et me libère. Au forceps : « Je voulais juste te dire... Euh... En fait tu n'es pas stérile... »

Il s'immobilise devant la déflagration, s'accroche à mon regard pour ne pas perdre pied. Régurgite un rire nerveux, maladroit, tandis qu'il hésite à comprendre l'implication évidente de mes paroles : « Quoi ? Qu'est-ce que tu racontes ? »

Le voyant perplexe, je lui fais un résumé des événements de la semaine savamment gardés pour moi : les saignements, les douleurs, je croyais qu'il s'agissait de mes règles, puis leur arrêt soudain, la visite chez le gynéco, la prise de sang, et voilà. Nous en sommes là, face au constat objectif : « Tu n'es pas stérile et moi, j'ovule bel et bien. » Et nous marchons toujours, mais vers où ? Il écoute, pose quelques questions. Je souris nerveusement, lui réponds avec panache, avec force, avec sarcasme, oh, tellement de sarcasme, de je-m'en-foutisme pour couvrir mes émotions sous-jacentes. Tant de barrières qui, à tout témoin, sembleraient se dresser entre lui et moi, alors que, clairement, ces herses n'existent que pour me protéger moi, de ma vulnérabilité.

6

Blindée

Après m'avoir écouté avec stupeur, il me pose cette question : « Si tes prochains résultats sont toujours positifs, tu vas décider quoi ? »

Et ce *tu*, secrètement, me tue.

Je conçois bien que, de lui, il n'y a rien à attendre de plus. Je comprends tout à fait que l'idée, là, n'est pas de s'asseoir près d'un feu de cheminée sous une couverture en laine et de sélectionner la couleur du carrelage de notre future cuisine, de se jurer amour et fidélité alors qu'on ne s'est jamais dit ni « je t'aime » ni même « tu me manques », j'en suis bien consciente, merci. Je suis également au courant qu'en tant que femme je dispose librement de mon corps, et sans doute que ce « tu vas décider quoi » est là pour m'indiquer qu'il respectera *mon* choix.

J'entends cela.

Je m'en contrefous.

Encore une contradiction, certes. Mes émotions écorchées vives oublient parfois que nous sommes *team* Simone Veil. Mais l'effort pseudo-féministe de ce mollasson est le cadet de mes soucis. Je n'ai pas besoin de m'appuyer sur des arguments, mais sur une épaule. J'attends que la personne qui a pris part à 50 % à l'élaboration de ce nœud gordien me prenne la main, m'enlace – sans m'obliger à supplier. Qu'il fasse appel au personnel « je », comme dans : *Je* suis désolé. Qu'il prenne ensuite appui sur le « nous », comme dans : *Nous* allons réfléchir ensemble, *nous* allons nous en sortir, *je* vais te soutenir.

Il pose plutôt un alibi et me dupe. La question censée m'apaiser est un message mal codé qu'il m'envoie : « Ceci n'est pas mon affaire, mais la tienne. Qu'est-ce que tu vas faire, *toi* ? Parce que moi, j'ai poney. »

Me voilà désarmée. Son apathie m'a percutée.

Alors sans perdre une seconde, sans m'autoriser la moindre connexion de cœur à cerveau, j'affirme : « Bah, j'avorterai ! » Et comme si je n'avais pas manifesté assez clairement notre cohésion sur le sujet, j'ajoute : « *Évidemment* ! » en levant les yeux plus haut que la couche d'ozone, comme si je me sentais insultée de devoir résoudre un problème digne du cours préparatoire, comme si depuis toujours, cent pour cent des grossesses s'achevaient par un arrêt médicalisé. Là-dessus, j'embraie sur une tirade qui exploite toutes les raisons logiques pour moi d'agir ainsi, qui me sert surtout d'autoroute de sortie : je l'embranche sans hésiter, avance tout droit et glisse sur les mots qui s'enchaînent avec vélocité, sûrs d'eux, tout comme moi qui ne faiblis pas. Je fuis le mâle, son regard. Consumée par l'humiliation, la honte, une colère silencieuse. En cavale, je tente de leur échapper, ce qui équivaudrait à m'échapper de moi. Loin. Aussi loin qu'il est possible de tenir le ton d'un désaccord. J'incarne la certitude même : elle est en béton, grise et froide.

7
Mature

En comptant mes battements de cœur dans la salle d'attente de cette mystérieuse psychologue – et hypnothérapeute, manifestement – je révise l'ordre successif des événements intervenus ces dernières semaines, qui m'ont amenée à la consulter. À dépenser 75 € que je n'ai pas. Espérant panser une plaie qui défie les lois du bon sens. Qui n'a réellement *pas lieu d'être*.

Quelques jours après la prise de sang, j'ai reçu les résultats qui ont confirmé l'hypothèse de mon gynécologue : la grossesse s'était interrompue.

À ce moment-là, terre à terre et à raison, je me suis dit : tant mieux. Je me suis dit : voilà, la nature s'en est chargée. J'ai voulu voir le verre à moitié plein et me suis rassurée en affirmant : le destin m'a exonéré de toute décision difficile. Tout va bien.

Si je suis sûre d'une chose, c'est que cette fausse couche n'a *pas* à me faire souffrir. Un, elle n'a pas été motivée par un désir conscient de maternité ; deux, je n'ai pas les moyens matériels d'assumer cette charge ; trois, mon mec n'en veut pas non plus ; et, quatre, je n'ai accusé aucun choc, en perdant la grossesse : l'embryon, comme une brise, est apparu sans un bonjour et est parti, sans adieu. Sans déposer la moindre trace. Donc... tout va bien.

Si ce n'est dans mon corps.

Ah oui, tiens ! Celui-*là*.

Je me réveille chez mon mec quelques matins plus tard, allongée dans une mare de sang. Paniquée, je téléphone en droite ligne à mon gynécologue, qui ne semble pas alarmé par ce que je lui décris, et me propose de le rappeler dans trois ou quatre jours, si les saignements persistent.

Ah.

Potentiellement trois ou quatre jours de saignements, ce n'est pas anodin...

Il aurait pu prévenir, non ?

Mais tandis que je râle, de nouvelles contractions font coucou dans mon bas-ventre. Mon utérus travaille, comme il le faisait il y a dix jours. Va-t-il falloir tout revivre ?

Comme le clinicien n'a présenté aucun signe d'inquiétude, douleur ou pas, je saute à pieds joints dans ma journée.

Je me rends à la Poste, passe un casting et rejoins une copine à une terrasse de café aux Abbesses. Tout va bien. Contractions tout au long, sans cesse et régulières. De plus en plus déchirantes. À quoi bon geindre ? Puisque tout va bien. J'avance comme un tank, tête baissée, me raccrochant à mon programme avec une détermination de soldate. Contractions. Je fais des courses au marché. Contractions. Temps parfait d'été parisien, la vie est belle. Contractions. Elle est légèreté. Contractions. « Vous payez par carte ou en espèces ? » Contractions.

Je dois m'agripper à mon souffle mais à la force de mes trompes de Fallope, je tiens.

Ce soir, une bande d'amis comédiens viennent chez moi. On va lire à voix haute la nouvelle pièce écrite par l'un d'entre nous, et enchaîner avec un apéro. Devant mon état, que je n'avais pas anticipé, je ne songe même pas à annuler... Sous quel prétexte, au juste ?

On ne change *rien* au programme et puis de toute façon : TOUT VA BIEN.

Rentrée chez moi, direction : la cuisine. Préparer du guacamole pour huit personnes nécessite la fine découpe d'un oignon, de faire la peau à trois avocats bien mûrs, de les amputer de leurs noyaux, puis de les écraser à la fourchette. Il faut scinder un citron, le lapider pour en extraire le jus, le broyer avec la purée d'avocats. Il faut parsemer d'ail, de sel, de poivre et bien remuer pendant que sans arrêt son utérus saigne et se contracte.

Je n'en peux plus, me tords maintenant de douleur.

J'hésite à l'appeler, lui, mais... Pour quoi dire ? « Allô ! j'ai mal » ?

Il y a une force en moi qui exige que je ne fasse pas de vagues, que je ne sois pas source de contraintes et, surtout, que je reste dans la démonstration de ma *maturité*.

Après tout, elle est ma valeur ajoutée. Et je le sais.

Depuis que j'ai treize ans, des adultes évoquent régulièrement avec une forme d'heureux étonnement que je suis mature-pour-mon-âge. On me le disait comme un compliment, et je le lisais aussi dans leurs regards pris de curiosité : je ne me comportais pas comme une gamine, et ça, visiblement, c'était *bien*. J'ignore ce que ces adultes percevaient exactement – peut-être l'apparition hâtive de mes formes les a-t-elle leurrés, ou qu'en tant qu'ainée de la fratrie je me suis habituée à prendre des responsabilités un peu plus tôt que d'autres. Mais je remarque trois choses : d'abord, que je n'ai jamais entendu un pareil « compliment » être fait à des garçons, qui sont loués pour beaucoup de choses mais rarement pour leur manque d'insouciance ; ensuite, que cette remarque innocente me plaçait en quelque sorte au-dessus du lot, me donnait l'impression d'être pourvue d'un je-ne-sais-quoi d'un peu singulier, sensation à laquelle je suis vite devenue accro, si bien que j'ai pris un plaisir malsain à rayer les parties de moi trop enfantines pour privilégier celles qui me faisaient passer pour adulte avant l'heure ; pour finir, que si je ne m'étais pas sentie à ce point narcissisée par le fait de passer pour plus âgée que je ne l'étais en réalité, et ce depuis ma puberté, cet homme proche des trente-cinq ans n'aurait probablement jamais eu l'occasion de séduire une jeunette qui, hier, en avait dix-huit. Les filles que l'on applaudit de s'intégrer si vite au monde des adultes ont de meilleures chances de se réserver à des hommes qui auront suffisamment de bouteille pour apprécier cette anomalie.

Et si, dans la vie de tous les jours, ce rapport de force s'avère, à peu de chose près, bénin, il est indéniable qu'à ce moment précis de tension, notre différence d'âge joue son rôle.

Car j'ai besoin de lui. Mais je ne *peux pas* aller à l'encontre de moi-même, faire éclater la bulle qui rend possible notre histoire, en redevenant, sans préavis, cette vieille ado qui réclame des câlins. Je me sens obligée d'entretenir l'illusion à laquelle j'ai été conduite. Être *grande*. Et tenter un *catwalk* perchée sur des stilettos trop hauts pour moi.

En plus de rester agréable à côtoyer. Bien sûr que j'aimerais me blottir dans les bras de l'humain concerné, qu'il me prépare une bouillotte et cajole mon âme, mais, tout autant, je me sentirais disgracieuse de transformer cette scène intimiste en opéra-vaudeville.

Soyons plutôt pragmatiques.

Si j'ôte à l'événement sa dimension émotionnelle et psychologique – soit, son essence – si je retire de l'équation des mots trop *telenovela* tels que *bébé, contraction* ou *perte*, et que je note froidement mes symptômes… eh bien, ce dont je souffre s'appelle un mal de ventre et, un mal de ventre, ce n'est pas la mer à digérer. Surtout pas pour une fille mature comme moi !

Sois forte Chloé, et tais-toi.

Nous lisons la pièce à pleine voix dans mon salon, je joue mon rôle et j'ai mal.

Je ne dis rien mais, putain, j'ai mal !

La lecture finie, l'interphone sonne. C'est justement mon copain, il se joint à nous pour l'apéro. Intimement, je suis rassurée. Heureuse qu'il soit là. La seule personne au courant. Présent.

Enfin.

8
À bout

Musique, vin, guacamole, cigarettes. Contractions, contractions, contractions.

J'ai mal depuis bientôt la journée entière. Je souffle lentement – et on ne peut plus discrètement – pour m'aider à tenir. Le problème, ce n'est pas tant la douleur – je peux bien la surmonter – mais mes nerfs comme des rats quittent le navire. Ils sont à bout, me lâchent. Comme un plafond qui finit par céder à une lente infiltration d'eau, je m'effondre d'un coup. Averse de larmes que je vis d'abord à l'abri des regards, dans l'enceinte de ma chambre, nouée au milieu de mon lit, en position fœtale. Lorsque Jean, l'un des comédiens présents, m'entraperçoit, il porte mes larmes à l'attention de mon copain, qui se déplace jusqu'à moi.

Maladroitement, il entoure mon corps de ses bras. Je les veux, ces bras. Je me repose dedans. Mais les autres commencent à rassembler leurs affaires : il est l'heure d'enchaîner avec la suite du programme, et ce moment hors du temps se dissipe. Tous ensemble, nous avions prévu de nous rendre chez Anatole, qui habite à quelques minutes de chez moi, pour regarder le match de foot : le quart de finale de l'Euro, France-Italie.

Je pèse le pour et le contre et finis par déclarer au groupe que je reste sur le banc. « Je ne me sens pas en grande forme », leur dis-je. Il faut aussi débarrasser les verres et les assiettes qui traînent, faire la vaisselle. « Allez-y sans moi. »

À lui aussi, je le dis. « Vas-y. »

J'admets jouer de malhonnêteté... Tout en lui désignant la porte, je voudrais tant qu'il reste. Ou plutôt, qu'il ait *l'idée* de rester. Que rester lui semble logique. Il a trente-trois ans, j'en ai vingt, je ne vais quand même pas lui donner le mode d'emploi de la compassion. Devoir démontrer ce qui se passe d'explications laisse en moi un arrière-goût abject. Je déteste jouer le rôle de cette fille-*là* : quémandeuse d'amour, arracheuse de tendresse. Alors pour ma dignité, et parce qu'au fond je le ressens bien, que je ne pèse pas grand-chose dans cette balance, je choisis la solitude. Et contre mon cœur l'incite à partir : « Vas-y, t'inquiète. »

Lui présent ou lui absent, n'empêchera pas ma douleur de faire rage. Je gère. Alors, autant qu'il soutienne son équipe.

9

Décorporée

Qu'est-ce qui est le plus étrange ?

Qu'il soit allé bouffer des chips devant un match de foot avec ses potes à ce moment précis de notre existence commune, ou bien que j'aie accouru le rejoindre peu avant minuit, tant j'étais en manque de sa présence ?

Qu'il n'ait ensuite pas proposé de me raccompagner jusqu'à mon immeuble, situé seulement quelques mètres plus haut, ou qu'il ait suggéré qu'on traverse trois arrondissements à *vélo*, pour se rendre chez lui et y dormir ensemble ?

Qu'il ait pris zéro nouvelle de moi, de mon utérus ni de ses saignements, pendant les trois jours qui ont suivi, ou que j'aie réussi l'exploit de trouver des excuses à sa négligence ?

Mais tout va bien, hein ? Ce n'est pas un cas de force majeure, juste une petite fausse couche. Je n'en souffre pas à titre personnel, et si mon *corps* a mal, c'est autre chose. Je ne m'identifie pas à mon corps. Je contemple ses déchirures de loin. *Il* souffre, moi pas. Moi, j'attends qu'il retrouve le calme. Qu'on oublie tout ça. Qu'il me rende la paix qu'il m'a momentanément ôtée. Et que, enfin, je puisse *me* retrouver.

Moi, je ne suis pas un corps. J'existe en dépit de lui. Il est à mes yeux une épreuve qu'au quotidien je m'efforce de surmonter.

10

Délivrée

Les mères qui ont accouché par voie basse racontent souvent ce fait : même lorsqu'elles ont eu mal durant l'accouchement, contre le nouveau-né qui paraît, toute souffrance physique disparaît.

En ce qui me concerne, l'arrêt de la douleur arrive par un procédé similaire.

Après trois jours de contractions et de lourds saignements qu'aucun médicament n'a réussi à soulager, je me rends aux toilettes. Le tampon retiré de moi, mon esprit se cogne à la vision de ce dernier. Contre toute attente, le tampon n'est pas simplement imbibé de sang, comme c'est le cas depuis soixante-douze heures. Quelque chose est glué contre. Un petit amas médusesque. J'ai entre les doigts un vaisseau de coton qui me rapporte une trace de vie intra-utérine. Une créature qui me parvient depuis une tout autre planète.

Machinalement, je jette le débris dans la cuvette avant de tirer la chasse.

Mais moins de cinq minutes plus tard, voilà mon ventre de nouveau zen. Il abrite à peine l'écho d'une contraction. Aucun amenuisement graduel, on croirait simplement que ces vagues n'ont jamais existé. Osant à peine y croire, je fais preuve de prudence.

Me reviennent dans l'oreille les mots de mon gynécologue… *trois ou quatre jours*… D'accord, vraisemblablement nous y sommes.

Je suis délivrée.

11

Dissoute

En principe, y avait plus qu'à passer à autre chose, reprendre le cours normal de l'existence, jouer, danser, rire. Mais c'était sans compter mon corps. *Encore.*

D'abord, mon couple a fini de se dissoudre. Non parce que j'avais estimé que je méritais mieux que la vapeur d'attention que mon copain m'avait réservée dans un moment délicat. J'avais encore besoin de me faire croire qu'il avait agi de son mieux. De le percevoir comme un gars simplement peu doué : défendable, donc. En revanche, admettre qu'il était responsable de ses actes et en pleine possession de ses moyens revenait à m'avouer qu'une personne à laquelle j'étais attachée n'en avait rien à faire ni de ma dignité, ni de ma santé, et ça, je n'étais pas prête. Par chance, pas plus tard que le lendemain de la fin de mes contractions, il m'a fait l'honneur de draguer grossièrement son ex sous mes yeux à une fête. Passer d'humiliée à publiquement humiliée m'a réveillée. Espérant qu'il me retienne, j'ai mis fin à la relation et, *spoiler* : il ne m'a pas retenue. Terminé.

Je me suis plongée dans le travail tête baissée. Ai farci chaque recoin de mon existence comme l'arrière d'une Mini après une virée chez Ikea, avec en majorité des projets pseudo-professionnels dont les salaires, mis bout à bout, culminaient avec peine vers le montant du loyer. Je rends alors service à qui-me-le-demande, sans filtrage. Plus les apéros, la fête et les amitiés qui me sollicitent et où j'aime à m'investir en tant que numéro d'urgence, dispo 24/7. Je suis une pieuvre à dix-huit tentacules. Sommeil optionnel, repas sur le pouce, chaque seconde étant comptabilisée, week-end pour quoi faire, et des vacances qui se comptent sur les deux seules phalanges du pouce. Des pauses ? Ce sont mes trajets en bus et en métro. Au-delà, j'avance, je trace, aussi nerveuse et excitable qu'un Parisien au volant. Toujours pressée, souvent stressée, je calcule mes itinéraires à la minute près – sans jamais me planter. Comédienne dans deux pièces simultanément, j'en mémorise une troisième, assiste à la mise en scène d'une quatrième, prête ma voix, traduis, passe des castings, baby-sitting les mardis et jeudis, figuration au cinéma, petits rôles à la télévision et je me disais que, tiens, je prendrais bien des cours de chant à la rentrée. Je suis surmenée, mais comme cela ne me laisse pas le temps de penser, j'y trouve mon compte et me dis que je kiffe.

Et lorsque ma famille me sollicite, je réponds « présente ».

Allons-y ! Je fais mes valises, direction l'Auvergne, où ma grand-mère âgée a besoin de compagnie et d'assistance. Je suis partout où l'on a besoin de moi. Sauf *en* moi. Me réjouis de passer quelques semaines au calme avec Mamie, dans un trou perdu, où cohabitent maisons, forêts, prairies, flanquées de trois chaînes télé grésillantes, un réseau téléphonique à aller conquérir à pied, car trois barres de réseau *is the new* eau du puits.

Mais là, c'est moi qui suis devenue captive.

Lorsque les vents agités du quotidien ont cédé leur mouvement à la faveur du silence, les cadavres que j'avais dissimulés dans mes profondeurs ont été rappelés à la lumière. Au bout de seulement quelques jours de repas nourriciers, d'un sommeil réparateur et d'épisodes réguliers des *Feux de l'amour*, tout ce qui ensevelissait ma honte a fini par succomber à la pesanteur. Sans stress, je me trouvais à présent sans distraction. L'énergie d'amour, sans doute, a exposé ce que j'avais mis sous cloche en espérant le neutraliser.

Mes émotions se sont vengées de moi. Sont sorties de nulle part, comme des démons. D'abord, j'ai constaté que j'avais la larme facile. Puis, que je repensais quand même assez souvent à cette fausse couche, dont je prétendais toujours qu'elle ne m'avait pas affectée. À la fin, je devais me cacher pendant des heures entières pour que ni ma grand-mère ni personne d'autre ne se rende compte de mon mal-être, lui qui se déversait comme un barrage massif à peine lâché. Pendant une semaine, l'arrêt de ma grossesse m'a hantée.

Plus les jours passent et moins je peux l'ignorer : j'ai une fêlure dans le cœur. L'âme en berne. Je tâtonne, me traîne sans but comme un mammifère égaré, cherchant mon petit. Qui me l'a pris ? Je me cogne en rythme au souvenir buté de ma pauvre personne qui affirmait, sans même une seconde d'hésitation, qu'elle avorterait, si cette occasion se présentait. Mais aujourd'hui, je ne sais plus. Ma peine est si vaste. Mes doutes me dépassent, tordent mon raisonnement jusqu'à l'absurde. Et si c'était moi, qui l'avais abîmé ? Ou si c'était lui, qui n'avait pas voulu de moi pour maman ? Est-ce que mon corps est cassé ? Est-ce que Dieu est méchant ? Et puis-je encore oser me considérer comme une « femme », à présent ?

(Non, évidemment.)

Un matin, je me réveille avec les pieds froids comme la glace. Ils le resteront pendant plus d'une année. Malgré les doubles chaussettes en laine, la canicule puis les bouillottes et les radiateurs. De jour comme de nuit, y aura rien à faire, mes pieds à température de cimetière.

Je me rends compte que je suis allée un peu trop vite, et ai réussi à survoler l'une des étapes les plus précieuses de mon épreuve. Celle de *me connaître*. Je n'ai été résolue qu'à me fuir.

Lorsque je rentre d'Auvergne, je ne suis plus la même. Malgré les représentations au théâtre qui reprennent, mon désarroi me colle aux viscères. Je ne me nourris plus beaucoup et fume sans cesse. Alors je finis par me dire que je devrais demander à mon gynécologue l'adresse d'un bon psy. Peut-être qu'il saurait, lui, comment m'aider à gérer ce tourment…

12

De feu et d'eau

On dit *être bête comme ses pieds*. Pourtant, ma tête n'a fait que constater ce que mes pieds frigorifiés avaient compris bien avant : comme dans des sables mouvants, je stagne. Après avoir demandé de l'aide à mon gynécologue, je me suis donc présentée chez la psy indiquée.

Réfugiée au fond d'un fauteuil en velours turquoise, les mots faisant larmoyer ma voix, je raconte le mois qui me précède. Mon désarroi suinte, palpable. Il est mêlé d'incompréhension. Pourquoi suis-je aussi triste ? Rien, je lui répète en boucle, ne me liait pourtant à ce... à cette chose. Cette boule de gomme. Ce noyau de cerise. Ce carré en sucre, si facilement dissout.

À ce mystère, soluble et insoluble.

Comment s'est-il donc retrouvé logé à l'épicentre de mon cœur, telle une balle de fusil qu'il serait trop dangereux d'extraire ?

La dame est attentive à mes paroles. Elle me pose quelques questions. Puis, au moment qu'elle juge bon, se redresse et conclut : « Bon. Là, on est d'accord, vous souhaitez retrouver un état un peu plus gérable, c'est bien ça ? »

J'acquiesce en silence, yeux baissés. M'aperçois pour la première fois que j'ai terriblement honte de me trouver ainsi démunie, même pas capable de m'habiller le matin.

Hors cadre. Hors sol.

Elle me propose des images, que je dois visualiser afin de me détendre profondément. Je choisis une plage, l'eau froide de Bretagne, des oiseaux qui piaillent, des bruits de vagues s'échouant contre les rochers… Une fois que je suis bien molle, du dedans comme du dehors, elle prononce cette phrase qui, peut-être, est une formule magique : « Maintenant, on va demander à votre inconscient de déposer dans l'une de vos mains le poids de toute la souffrance que vous avez en vous… »

Mes yeux sont ouverts. Je suis consciente. Tout est normal.

Si ce n'est que ma main droite presque imperceptiblement, commence à bouger.

Je joue le jeu. La laisse faire.

La sens qui s'alourdit. Lentement. Mes doigts se crispent. Ma paume se creuse. Mon poignet se tord. D'abord dans un sens, puis dans l'autre. Le rythme de mes mouvements est étiré, ralenti. Les gestes sont exécutés par petits à-coups que je ne maîtrise pas. Je regarde la psy, éberluée. Faisant parler l'expression de mon visage, lui communique « Je ne sais pas ce qui se passe ! » Elle me demande si je suis en train de contrôler ces gestes, je lui assure que non. Ma main est possédée, ma conscience intacte. À présent, cette main ressemble à celle de la sorcière dans le *Blanche-Neige* de Disney : ronde, ses doigts sont crochus. Le tout me semble peser aussi lourd qu'une boule de pétanque. Mon bras tout entier est tendu en résistance. Au bout d'une demi-heure, enfin, les mouvements abandonnent leur véhémence. La main commence à s'apaiser. La voici qui flotte doucement vers l'accoudoir gauche, s'immobilise quelques instants et, comme la plume d'une colombe, s'y dépose.

Un temps, puis deux. Je continue de regarder la psy avec un air ahuri.

Elle me dit : « Elle a fini, vous croyez ? » et comme je fais oui de la tête, elle enchaîne : « Alors maintenant, nous allons demander à votre inconscient de déposer dans l'autre main le poids de toutes les ressources qu'il est prêt à déployer pour vous aider à aller mieux... »

Mon inconscient s'exécute et ma main gauche s'agite à son tour.

Mais celle-ci se montre bien moins démonstrative que sa jumelle. Un petit mouvement par-ci, par-là, puis, tranquillement, la main s'approche du bras du fauteuil le plus proche.

Je suis à présent droite comme un soliflore, bras ouverts vers l'extérieur, comme s'ils m'en tombaient. Et pour cause.

Je demande à la psy : « Qu'est-ce que ça veut dire ? »

Avec humour, elle me répond : « Que vous êtes plutôt réceptive à l'hypnose ! »

Ça, de l'hypnose ?!

Elle continue : « Ne cherchez pas trop à analyser. Maintenant, vivez et attendez de voir ce qui se passe. Si dans un mois vous êtes toujours aussi mal, revenez me voir. »

Mais dès cette soirée, je ressens le changement certain qui vient d'opérer. Ma tristesse n'est certes pas disparue pour autant. J'ai toujours un fossé en moi. Une énigme subsiste au fond, comme dans une eau trouble.

Cependant, je n'en suis plus submergée.

Pour preuves : je retrouve un peu de vitalité, ressens inopinément de la faim le soir même. Je réussis à penser à autre chose. Et lorsque, pas plus tard que le lendemain, une amie m'annonce la nouvelle de sa grossesse, je me surprends à être capable de joie.

Je ne suis pas sortie d'affaire mais j'ai la tête hors de l'eau.

Je peux, je crois, respirer de nouveau.

13

Monomaniaque

Néanmoins, la balle de fusil s'accroche, indéboulonnable. Reine de son propre système solaire, elle continue d'irradier en moi ses sombres rayons. Si j'ai bien récupéré mes fonctions essentielles, le champ de force de ma fausse couche ne faiblit guère.

Des mois passent. Nous entrons dans l'hiver. J'ai beaucoup maigri.

Voilà ce qui est étrange : puisque l'enfant n'est paru nulle part, je le fantasme partout. N'étant plus dans son *enceinte*, son existence immatérielle outrepasse toutes les frontières. Le voilà, dans le roman que je lis. Dans le rôle que je cherche à décrocher. Je le retrouve dans ce pull bleu, puisque c'est celui que je portais le jour où les contractions ont repris. Et évidemment, il est dans le regard de chaque bébé que je croise dans la rue. Chacun d'eux est *le mien*.

Quelle tarée.

Parallèlement, les voix qui logent dans ma tête me somment d'oublier.

Ces voix se foutent bien de ma quiétude, sinon elles se tairaient. Protégeraient mon deuil d'un salutaire silence. Leur véritable but est de me protéger de l'anormalité. Avec un coup de collier, me réintégrer à la société, faire diffracter les regards voyeurs.

À tout prix, réintégrer *la moyenne*. Quitte à faire semblant.

En France, neuf millions de personnes feront au moins une dépression au cours de leur vie, paraît-il, et au lieu de leur dire « allonge-toi », « dors », « donne-toi la chance de pleurer », la société, à l'unisson, aboie « redresse-toi » et applaudit notre résilience. À force d'être la participante d'une société qui agit ainsi, j'imite cette attitude à mon détriment, elle me semble la moins coûteuse.

De toutes mes maigres forces, j'essaie. Mais comment négocier la douleur ? Elle invente son propre chemin, aussi imprévisible qu'inflexible. Lorsque je ressens une accalmie de plus de vingt-quatre heures, je me réjouis sans tarder : « Voilà, c'est fini, je suis passée à autre chose ! »

Ça n'est *jamais* vrai.

J'en appelle à ma rationalité. À une copine qui fait du sport avec moi les samedis, je m'entends dire : « Au moins, il y a du positif : maintenant, je suis sûre d'être fertile ! » Toujours ce besoin, plus fort que tout, de faire bonne figure. D'optimiser mon expérience en la rendant acceptable à celui qui écoute. Je le sais, pourtant, que le réconfort ne se relativise pas. Mais le réconfort est une planète que je n'ai pas la prétention d'explorer : donnez-moi juste une vie sans histoires. Rendez-moi ma cape d'invisibilité.

J'entends ma copine répondre du tac au tac : « Oui, c'est sûr ! Il faut s'accrocher au positif ! », sans doute soulagée que je lui ai indiqué l'issue de secours.

Quand cesserai-je de penser ma peine ?

Sur la machine elliptique, mon côté droit oppose le gauche et je lève les yeux au ciel. Ma logique est si froide, insensible. Je mords mes lèvres, en rage contre moi-même et des larmes se décrochent. En une microseconde, je suis dézinguée.

Je m'écœure.

OK je suis fertile, mais là n'est pas le problème. Le problème c'est qu'il n'existe pas d'autre enfant à mes yeux. Je suis obsédée par cet être qui a tenté de survivre de l'autre côté de mon nombril. Unique âme à avoir atteint cette terre trop aride. Insister sur le fait qu'il y en aura *d'autres* ne fait qu'appuyer sur l'infection. Aucun ne sera *lui*. Mon premier.

J'arrête la machine. Silencieuse, je redescends, m'assois et laisse tout sortir, par torrents, par cris, par éclats. N'en déplaise aux voix mentales, tout le monde me regarde, ma copine à côté, tant inquiète pour moi que des regards qui nous encerclent, ne sait plus où se mettre. Mais je m'en fous. Je capitule, je baisse les bras. De toute façon, à quoi bon résister ?

L'essentiel n'est plus là.

14

Sans mots

Je n'habite plus la planète Terre mais la planète J'ai Fait Une Fausse Couche. Je suis soumise à ma propre loi de gravité, sans cesse poussée vers cet infatigable centre.

Lui.

Pourquoi la perte d'un truc que je ne désirais même pas, me fait à ce point vriller ? Je suis pourtant de bonne composition. Ce moral pâle comme un cadavre, ces larmes tyranniques, cette léthargie de plomb, ma jalousie envers des mamans heureuses, cette envie qui me harcèle de croquer de tout petits pieds, ce vide stomacal que j'entretiens, ne me ressemblent pas.

Je suis devenue une autre.

Qui étais-je, *avant* ?

En parcourant un album, je tombe sur une photo de moi ado. Au milieu d'un groupe, dans la cour de mon collège. J'ai quatorze ans. Tous et toutes sourient à pleines dents appareillées. Sauf moi. Mes cheveux sont longs, brillants, légèrement bouclés et franchement magnifiques – je les trouvais si décevants à l'époque, j'aurais tout donné pour les raidir. Mais malgré cette chevelure (souple, brillante ! je ne m'en remets pas), on lit sur mon visage un désespoir.

Je me rappelle... Cette photo a été prise à cette fameuse époque : en plein dans le cyclone que fut ma crise d'adolescence. Ma seule mauvaise phase.

Durant cette année, j'ai connu des épisodes douloureux et, ponctuellement, l'envie d'en finir ; rien de complètement insolite. Je me souviens d'avoir été infiniment triste pendant de longs mois. Cependant, je n'ai jamais eu besoin de me demander pourquoi ces états se manifestaient.

À quatorze ans, le terme *crise d'ado* était acquis. Dolto et son complexe du homard m'étaient familiers. Toute la délicatesse déséquilibrée de l'adolescence m'avait été contée maintes fois dans les films, les séries, les magazines et même par mes parents. J'y suis entrée comme dans un changement de saison. Un coup de gel brutal mais attendu. Avec des témoins qui, au lieu de décrire l'arrivée des premiers bourgeons ou la coloration des feuilles sur les arbres, affirmaient : « Ah, ça y est, elle est insupportable maintenant ! »

Je ne dis pas que c'était agréable mais le message se révélait clair et palpable. Quelque chose m'arrivait, et *je* n'étais pas cette chose. Je n'en étais pas non plus la fautive. Ma descente aux enfers s'est alors déroulée dans un cadre stable, constant, articulé.

J'étais devenue une ado, pas une extraterrestre. On me voyait. Mon vécu avait été recherché, répertorié, vulgarisé, un lexique associé, et des solutions aux différents symptômes avaient émergé. Je pouvais désigner l'événement, en discuter. Si je me trouvais submergée, on me proposait une professionnelle comme interlocutrice. Autour de moi, d'autres devaient bien rencontrer de semblables difficultés. Il en était ainsi.

Et ainsi en est-il, de l'utérus qui est le nôtre. Il sait accueillir la vie comme il sait l'expulser. Sans doute, ses raisons sont-elles les bonnes.

Pourquoi ne pas commencer par-là ?

Mais moi, je me noie dans les doutes.

Puisque personne n'en parle, j'en déduis que l'événement est mineur. Que je suis bien trop dramatique. J'imagine, malgré moi, que celles qui ont connu une telle déception sont passées à autre chose comme on change de vernis à ongle.

Je dois être la seule idiote à m'agripper à mon mirage.

Et puis, à mes questions si peu de réponses. Chez le gynéco, je n'ai pas osé. S'il ne m'a pas interrogée sur mon état, c'est qu'il n'y a pas lieu ! J'aurais aimé demander, pourtant. Est-ce moi, qui ai provoqué l'arrêt ? Est-ce que par un geste néfaste, j'ai abîmé l'embryon ? Est-ce à cause du rosé que j'ai bu la veille avec une copine ? Pourquoi ? Comment ?

La semaine dernière, j'ai lu qu'une femme sur quatre vivait l'arrêt spontané de grossesse. C'est beaucoup, je trouve. Je me demande si nous nous sentons toutes à ce point isolées. À quelques rues les unes des autres. À quelques portes d'immeubles... Peut-être même que, parfois, une fine couche de parquet en bois camoufle nos sanglots mutuels en dégringolade. Loin d'être seules, et parfaitement *esseulées*.

Notre silence collectif est mortifère.

Il met des bâtons dans les roues de nos deuils et, donc, de nos guérisons.

15
Humaine

À onze ans, je suis depuis plusieurs années une auto-initiée des pratiques ancestrales de la masturbation. Personne ne m'en a parlé, et nous sommes à une époque qui ne connaît pas les tutos, mais il se trouvait que, par chance, j'avais tous les ingrédients chez moi : une main, une vulve, un appétit pour le plaisir, un minimum de curiosité et une excellente audition. Malgré tout le bonheur que suscite ce rituel, je vis dans la peur que quiconque découvre mes secrètes activités.

Pour le dire clairement, j'ai honte. Je ne sais pas d'où me vient cette honte, mais elle est dominante. Je me traite régulièrement de « folle ». Suis poussée aux sanglots lorsque je songe à mes irrépressibles pulsions. Je *sais* que ce que je fais est bizarre. Voire, interdit.

Puis, une nuit où j'attends le sommeil en rêvassant, dans mon très jeune cerveau, une ampoule s'éclaire subitement. Est-ce un ange, ou un martien, ou un ancêtre, ou la partie de moi qui existe depuis des millions d'années, qui me souffle cette sagesse ? Aucune idée. Toujours est-il que j'arrive à me formuler cette évidence au sujet de la masturbation : « Si *je* le fais… Mais c'est que *tout le monde* le fait ! »

En une demi-seconde, mon monde bascule. Il y a un avant et un après. Car me voici soudain persuadée de n'être pas une exception. D'appartenir autant que les autres à l'espèce humaine. De n'être capable ni de mieux ni de pire. De toucher du doigt la certitude que si je ne suis pas un cas isolé, alors cet acte ne peut me ranger dans la case ni des fous ni des mauvais. Si nous sommes tous anormaux, aucun de nous ne l'est...

Au lieu de me couper du clan des humains, j'ai agrandi le cercle et m'y suis introduite. Ce faisant, ma vision de moi s'est élargie. Au lieu de me séparer, je me suis *reliée*.

Voilà l'ordre retrouvé. Après cette prise de conscience, jamais plus je n'ai été dévorée par un sentiment négatif à ce sujet.

16

Dissonante

Dépasser l'inconfort de la parole pour me relier aux autres me sera vital. Je me le dois. Réussir à appeler un chat, un chat ; et un chagrin, un chagrin.

Le problème c'est que la simple évocation de cette histoire agit sur les gens comme une coupure de courant. Plus personne n'ose mettre un mot devant l'autre. Mes interlocuteurs trébuchent sur le lexique. Tentent un changement de sujet. Les regards qu'ils m'envoient n'atterrissent plus dans le blanc de mes yeux. Me restent donc les amies très proches à qui, par contraste, je me confie sans arrêt. Je sens l'exaspération poindre de leur côté. Elles sont clairement prêtes à passer à un autre sujet de discussion. Ce temps n'est pas encore venu pour moi… On dit qu'il faut un village pour élever un enfant… Mais pour en faire le deuil ?

Cet exercice requiert des dons d'improvisateur.

Raconter sa fausse couche consiste surtout à *manquer de mots* pour en parler.

Je me débats comme dans un jeu de Taboo dont je suis loin de sortir gagnante : une phrase sur deux finit dans le fossé. J'hésite, je cherche et je compense, par des gestes de mains, par des blagues nerveuses. Cette épreuve de la vie courante n'est pas soutenue par notre langage courant. À moi de combler les trous. Mal nommer les choses, a dit Camus, c'est ajouter du malheur au monde.

Dans les faits, quand j'explique ma situation, je dis que j'ai perdu un « bébé » – guillemets inclus. Je les mime avec les doigts, comme une Américaine. Je ne le fais pas pour moi, mais pour mon interlocuteur. De cette façon, *il* sait que *je* sais que ce n'était pas un *vrai* bébé. Et que je ne suis pas une vraie maboule. Mais lorsque je le prononce, le mot flotte, il reste en l'air, *insecure*, n'atterrit nulle part. Souffre du syndrome de l'imposteur. Lui-même sait qu'il n'est pas crédible. Normal : le mot que je cherche n'a pas encore été inventé. « Embryon », forcément, tombe à côté. Trop clinique. Aseptisé, laid, dénué de saveur, dénué... d'amour.

Pareil, si je veux évoquer celui qui me fit l'offrande généreuse de son sperme, je bloque. Le « père » du « bébé » ? Ça commence à faire beaucoup de guillemets... Je crains de finir par ne plus parler qu'en orang-outang. « Géniteur » ? Bof. Pas glam', pour un gars que j'ai fréquenté plusieurs mois. Inexact, de surcroît : le géniteur n'est là strictement que pour permettre à la femme de porter un enfant. Dans mon cas, il venait pour *tout* sauf ça !

Et puis je crois que les gens commettent l'erreur que j'ai moi-même commise pendant un temps. C'est bien parce que ce drame n'a pas quitté les frontières de mon corps qu'on ne lui donne pas d'importance. C'est comme si, à Chloé, il n'était rien arrivé.

Chez nous, le corps ne compte pas. Nous l'*avons* ; mais ne le *sommes* pas.

La créature issue de moi existe bien à mes yeux, mais pas à ceux de ma société. À la fosse, ma fausse couche. On conspire à me faire croire que ce qui s'est passé est anecdotique. Pourtant, je n'arrive pas à aller au bout de l'anecdote. Je ne trouve pas la punchline.

Même si aucun enfant de la taille d'une mangue ou d'un melon n'est en train de battre des jambes dans mon ventre à l'heure qu'il est, j'ai des souvenirs concrets de ma grossesse, aussi courte fut-elle, qui ont laissé leur empreinte physique, physiologique et émotionnelle sur moi. Je me rappelle les dates, l'heure du jour, le temps qu'il faisait dehors, les vêtements que je portais. Mais à la demande tacite de la communauté, je dois pourtant me diviser intérieurement et, dans ce monde, celui-là même qui m'a connue enceinte brièvement, prétendre ne l'avoir jamais été.

Vous reprendrez un peu de double personnalité ?

17

Bloquée

La vraie vie me rattrape, impatiente. J'attends que mes séances chez le gynéco me soient remboursées. J'ai un mois de loyer de retard, que mon père râle d'avoir dû avancer. Mes amies fatiguent de ce sujet et ne s'en cachent plus. Avec l'ex, je joue à être sa bonne pote, puisqu'en l'état des choses, perdre mon seul témoin direct me serait insupportable. Par sa simple présence, il m'assure que cette histoire a bien existé. Alors je ne peux pas le lâcher – pas encore. Pathétique, je m'accroche à la fantaisie enfantine qu'en croisant mon regard, peut-être qu'il y pense tout de même parfois un peu. Pas à moi, ni à nous : mais à ce qui nous lie. Cette chose sans nom.

Dans un dernier élan de survie, je m'applique à modérer ce qui prétend s'être posé en travers et me prive de ma vie d'avant : ma peine.

Puisqu'elle n'est pas raisonnable, il faut la réprimer.

Puisqu'elle ne trouve pas sa place, m'en désolidariser.

Alors, j'essaye tout. M'interdire d'y songer ou, au contraire, m'exercer à la pensée positive. Me confier. Ou me taire. Chercher de la compagnie. Ou rester terrée. Dormir seule. Baiser. Faire du sport, m'hypnotiser devant la télé ou fumer des joints en journée.

Rien ne fonctionne.

Entre tristesse, colère et culpabilité, je suis bloquée.

Il fait si froid, dans ces limbes...

Résignée, j'ose alors la question que je gardais cloîtrée au fond de mes entrailles : si je suis parfaitement honnête, est-ce que je le *veux*, ce bébé ?

Et la réponse, évidente, déborde de moi.

Non.

Pas *vraiment*.

Mais je ne veux pas de cette vie ! Celle qui a émergé *depuis* que j'ai perdu un bébé. Une vie où les petits copains se révèlent sans-cœur, où les amies ne savent plus vous rassurer et où les médecins ne prennent même pas de vos nouvelles, tant que vos ovaires vont bien. *Moi*, je ne vais pas bien ! Le monde extérieur, personnel ou impersonnel, m'a subitement lâchée, les liens qui me faisaient tenir se sont révélés poreux. Et donc, chétive, au lieu de remettre en question les actions des uns ou des autres, je ne sais faire que deux choses : me dire que je suis folle, et nourrir le rêve auquel j'ai été conditionnée. Le rêve de maternité. Je m'enfonce dedans comme je plongerais dans un filet de sauvetage. C'est juste plus facile pour moi de désirer un nourrisson qui me téterait jusqu'au sang à 4 heures du mat' pendant que j'essaye d'apprendre un texte de théâtre, que d'accepter que ma vie, maintenant, c'est *ça*. Un univers sans parole, sans possible tristesse et donc, sans joie.

Je repense à ma séance d'hypnose, elle qui a eu lieu il y a bientôt un an. *Dans une main, ma douleur, dans l'autre main, les solutions...*

Ces deux forces suprêmes cohabitent en moi.

Le moment est peut-être venu d'essayer autre chose. Certes, je suis lotie de raisons valables de me sentir perdue. Il y a clairement une faille dans le système, un rouage manquant, et objectivement, des fautes ont été commises. Mais ne serais-je pas en train de commettre une faute encore plus importante si je ne m'abreuvais, par mes propres moyens, du soutien dont j'ai tant soif ?

II

Les paumes

18
Reliée

Je suis assise à même le sol dans une chambre de bonne au dernier étage d'un immeuble parisien, juste sous le ciel. La pièce est petite, inondée de lumière. D'où je suis, j'aperçois des statuettes en céramique représentant des divinités, des photos encadrées du bouddha, une table de massage près de la fenêtre et une grosse bougie, allumée.

De temps en temps, des effluves d'encens au bois de santal me picotent le nez.

Nag Champa.

Comme celui que j'utilise à la maison. Est-ce que Claire M., la thérapeute que je viens consulter, s'est auparavant renseignée sur moi ? Après tout, nous avons une amie en commun. Peut-être l'a-t-elle interrogée là-dessus, espérant qu'une fumée à l'odeur familière agirait sur mon esprit comme le doigt sur un trait de fusain, et ferait de mes barrières mentales un brouillard.

Si c'est le cas, elle fait bien. Même si ce n'est que ma deuxième fois chez un thérapeute, je me sens très à l'aise avec Claire M., cette femme blonde d'environ 50 ans. Ses lunettes rectangulaires, aux montures noires et épaisses, contrastent avec ses yeux bleus et son regard doux. Voilà qui colle avec l'image que je m'en étais faite : depuis que je lui ai parlé pour la première fois au téléphone, il y a une semaine, je sais cette femme à la fois douce, drôle, empathique et carrée, sans détour. J'adore cette association de couleurs. Loin d'être un mélange aux saveurs diluées, elle est tout ça *et* tout ça...

Tout à la fois.

C'est à moi, qu'il manque des pièces de puzzle. J'attends de Claire M. qu'elle m'aide à rassembler les morceaux de moi éparpillés, à les compter, à les classer par ordre alphabétique, à supprimer ceux qui sont de trop, les laids, les cassés, ceux qui me nuisent et m'empêchent d'être un humain parfaitement adéquat. Secrètement, je prie aussi pour qu'elle retrouve certains bouts précieux que j'ai égarés.

Un, en particulier.

Au téléphone, Claire M. m'a expliqué que nous allions travailler sur mes « mémoires transgénérationnelles » : un concept étrange selon lequel nos traumas seraient transmis, par voie inconsciente, de génération en génération, et qu'ils continueront de l'être jusqu'à ce qu'une bonne âme décide de mettre des mots sur les maux de ceux qui l'ont précédée, de napper d'un baume d'amour ce que la honte, la peine, la culpabilité auraient tenté d'enterrer.

Il semblerait que je sois donc cette bonne âme – ou bien cette bonne poire. L'avenir très proche me le dira.

En face d'elle, je lui raconte donc ce que je sais sur ma famille – un flou. Comment ma mère et ma grand-mère sont toutes les deux devenues dépressives à 40 ans. Comment ma mère et ma grand-mère ont toutes les deux eu un cancer du sein. Je n'avais pas prévu de m'étendre plus que de nécessaire sur la fausse couche. J'ai bien compris, aux réactions de mon entourage, que de consulter pour une fausse couche après *un an* paraîtrait puéril. Cette gentille femme se ficherait de moi, inutile de lui donner le bâton. Mais la douleur possède sa volonté propre. Même quand je ne l'invite pas, elle s'infiltre, s'immisce, décide de m'attendre au coin d'une ruelle sombre et là, bim ! M'attaque de nouveau, au moment où je m'y attends le moins.

Claire M. est de toute évidence magicienne, avant que d'être thérapeute. Elle m'écoute avec attention, et ce faisant, place des petites figurines en bois les unes en relation avec les autres, dans une danse rythmée par mes révélations successives. *Ah, votre arrière-grand-mère maternelle a un jour claqué la porte de son foyer en laissant tous ses enfants sous la garde intégrale de leur père ?*, s'étonne-t-elle. Je confirme. *Ah, votre grand-mère a alors arrêté l'école pour s'occuper de ses deux petits frères ?* Oui, exact. *Et quel âge avait votre grand-mère, alors ?* Treize ans. *Ah, et c'est à ce moment-là que les deux petits frères de votre grand-mère sont décédés ?* Je dis oui. *Sous sa garde ?* Absolument. *Et quel âge avaient-ils ?* Deux ans. *Et elle s'est sentie coupable de cet incident ?* D'après ma mère, cette culpabilité a failli la tuer. *Alors que ce n'était* EN RIEN *de sa faute ?*

Urgence de me taire.

Pendant quelques secondes hors du temps nous baignons dans un magnifique silence.

Lorsque je descends le regard, je découvre la constellation que Claire M. a créée avec ses figurines en bois. Une peinture en trois dimensions du trauma originel de ma famille maternelle. Visible, palpable. À portée de main. À côté de chaque femme, je vois de mes yeux ce qui n'a jamais été pour moi que concept, que légende, rien qu'une fragile buée. Je vois des humains, au lieu d'anecdotes. De la chair, au lieu de mots. À côté de chaque femme-statuette sont postés des bébés-statuettes. Bébés morts ou perdus ou avortés ou disparus. Bébés arrachés. Partis trop tôt. À chaque génération depuis quatre générations, comme une malédiction. Un nœud intime pour héritage. Leurs génitrices, les unes après les autres, meurent de chagrin, de culpabilité, sont tissées par la rage. Des femmes qui ne s'en remettent jamais.

Des femmes restées bloquées… tout comme moi.

Claire M. me regarde avec une bienveillance océane tandis que mes larmes dévissent ; elle m'invite très simplement à parler à mes aïeules. À leur rendre ce qui a été inconsciemment déposé sur mes épaules : leurs souffrances.

Les mots que je leur adresse avec candeur sont à présent portés par des vagues de sanglots ; ces derniers jaillissent intensément de moi. *Je ne saurai jamais pourquoi tu es partie, mais…* J'ai bien conscience d'être en train de converser avec des bouts de bois taillés qui, soyons objectifs, appartenaient jadis à un arbre majestueux, et pourtant rien ne me semble plus nécessaire. Plus vrai. *Je te rends ta tristesse…* Je suis enveloppée par un voile de lumière. Celle-ci dépasse tout entendement. *Je te rends ta culpabilité…* Je sais juste que mon corps acquiesce, que les paroles prononcées sonnent à mon cœur comme le pardon que j'attendais… *Je te rends ton destin.*

Le rituel terminé, tout entière je flotte. Apaisée. Neuve. Le passé comme réconcilié avec l'avenir. L'enveloppant. Les femmes que je prolonge, puissamment ancrées en moi. Lovées. Les bébés que je n'ai jamais connus, baignés de lumière. Aimés.

Toutes ces mères, pardonnées. Y compris moi. Sinon comprises, au moins reconnues. Leur humanité, leur histoire singulière. Et lorsqu'à la toute fin, Claire M. a posé devant moi un tout-petit Playmobil, j'ai su de qui il s'agissait. Je l'ai regardé délicatement et j'ai souri. Je l'ai logé dans ma paume, ai placé cette main contre mon cœur en m'imaginant au pied de l'arbre éternel auquel les membres de ma famille avaient appartenu.

J'ai fermé les yeux et lâché un soupir et, après tant de mois à le tenir à distance, j'ai pu enfin remercier celui que je n'ai pas connu, de m'avoir livré ce morceau de mon histoire à présent réintégré à moi.

19
Mère

La séance avec Claire M. a agi sur moi comme une bourrasque qui, l'été dans les maisons, force violemment les portes à s'ouvrir pour mieux claquer derrière. Le calme occupe désormais sa place royale dans mon corps et mon esprit. Dans mon cœur, aussi.

Ce que Claire M. m'a apporté va au-delà d'une guérison. Elle m'a montré la voie de l'autonomie. Elle m'a enseigné le langage de l'inconscient.

Ma solution, je peux l'inventer.

En faisant appel à ma créativité, en conjuguant le langage du rêve à celui de la vie, je peux défaire les nœuds qui entravent le réel. Claire M. m'a donné la permission de faire feu de tout bois, de créer mes propres règles, de m'engager seule sur le territoire de mes démons. D'agrandir la frontière des possibles. Selon mes termes, selon mes besoins.

Le seul prérequis consiste à bien me connaître.

Dix-huit mois après la fausse couche il m'arrive de redécouvrir, intacte, ma peine. C'est rare. Un résidu, une croûte qui s'accroche, qui se refuse à l'abandon.

Un jour, alors que je relis *Hamlet* en préparation d'une audition, deux vers me saisissent. Dans la toute première scène de cette pièce, trois hommes tentent de se protéger d'un spectre qui va et vient, soir après soir, et semble être celui du roi de Danemark. Après concertation, les trois hommes se font la réflexion que de se montrer agressif vis-à-vis de ce fantôme ne sert à rien, et que n'étant pas fait de chair, le spectre détient paradoxalement tout pouvoir sur eux.

Tout pouvoir…

Je m'arrête un instant. Les mots que je lis tournent autour de moi comme des patineuses sur glace. Fantôme… Spectre… Pouvoir…

N'est-ce pas à cette espèce que mon bébé appartient ? Mieux, n'est-ce pas la raison pour laquelle je n'arrive pas à me libérer de son influence ? Lui aussi, au fond, détient tout pouvoir sur moi. Lui aussi, fait de vent et de fantasme, fait de rien, peut aller et venir à sa guise.

Il erre entre deux mondes, il flotte…

Ni présent ni absent. Pourtant, omniprésent.

Impossible à placer et donc : à *dé*placer.

Intouchable par moi, c'est lui qui me touche, qui me tapote l'épaule, me surprend, me nargue.

Mon fantôme…

Mais quand je me retourne : il ne s'y trouve jamais.

Il me *hante*. Résiste à ma prise.

Dans l'instant me vient l'idée qui élucidera l'énigme sans fin.

Je dois lui donner forme, lui fournir une matière. C'est idiot peut-être, mais j'ai besoin de pouvoir le ranger quelque part, de lui permettre de trouver un refuge auquel nous consentirons tous deux. Lui aussi a droit à sa place. Son étagère, son casier, sa boîte, et une étiquette collée dessus. Soudain, oui ! Je me vois d'un geste fluide l'ôter de mes entrailles de ma seule main de géante, le poser sur une table massive où enfin, il ne pourrait plus se répandre en moi. Et le tout selon *mes* règles : c'est bien moi, la vivante !

La puissante.

Au boulot ! Les possibles sont nombreux et dans ma tête, je laisse défiler les options. Je pourrais avoir une statuette, qui le représenterait ? Non. Je pourrais prendre mon livret de famille, et lui créer une page consacrée à lui ? Non. Je pourrais lui donner un prénom ?

Cœur qui palpite, sourire aux lèvres.

Mais voyons !

Yeux qui s'écarquillent, doigts qui tremblent.

Je pourrais lui donner un prénom !

Bon sang mais bien sûr ! Une mère *nomme* son enfant.

Moi qui, tout ce temps, n'ai pas su comment le désigner. Foutus guillemets ! Adieu la malédiction, adieu mon *mal à dire*.

Je ne perds pas une seconde. Feuille blanche, stylo, me voici calée devant l'ordinateur. Par où je commence ?

Je me distribue rapidement quelques consignes techniques. Je ne veux pas d'un prénom que je serais susceptible de vouloir offrir à mon futur enfant : priorité à l'avenir. Pas de prénom trop commun, histoire de ne pas en rencontrer régulièrement : la plaie a suffisamment été remuée comme ça. Pas de prénom genré pour éviter les projections inutiles. Le dernier point est peut-être le plus important : que ce prénom ait du sens.

Qu'il l'honore.

Direction : le premier site de prénoms que mon moteur de recherche me propose. Je fais défiler la longue liste, scrutant ma perle. Je regarde l'étymologie en priorité, suivi de la popularité. Ceux qui me plaisent sont immédiatement notés dans mon carnet.

Après une quarantaine de minutes, un prénom retient particulièrement mon attention. Un prénom hébraïque à la belle sonorité qui ne m'évoque, d'emblée, pas grand-chose. Je découvre son origine poétique, profonde… Il évoque la lumière. Le prénom est mixte et peu donné. Une chouette trouvaille, que j'inscris immédiatement dans mon carnet, avant de continuer ma quête à laquelle je veux accorder tout le temps nécessaire.

J'en suis aux « L » : Loélia, Lorette, Lamy… J'essaie de m'y remettre mais quelque chose me retient. Je retourne sur la page précédente, revisite le prénom que je viens de valider. Et là, un détail me choque. Ce prénom, que j'aime franchement, est fêté le même jour que le sont les Chloé. Je suis émue, souris avec tendresse, félicite mon intuition de m'avoir fait choper ce joli détail, et me concentre de nouveau sur la liste. Lorin, Lee, Liévin, Luck… À peine quelques secondes passent que, de nouveau, je m'arrête dans ma lancée. Cette fois, je lâche mon stylo, mes mains n'osant bouger, suspendues au-dessus de ma feuille.

Une chaleur me pénètre par le plexus. Elle introduit en moi un souvenir oublié.

Quelques flashs précaires me ramènent à une conversation que j'avais eue avec mon ex…

Lui : Tiens, c'est marrant. T'as vu ça ?

Moi : Quoi ?

Lui : La fête des Chloé a lieu le 10 novembre.

Moi : Oui… et ?

Lui : Et… bah… le 10 novembre c'est mon anniversaire, héhé !

Mes mains volent à la rescousse de ma bouche, tandis que je crie sans voix.

Est-ce possible ? Un prénom qui m'a tout de suite attirée, qui coche toutes mes cases, qui est fêté en même temps que les Chloé, soit le jour de la naissance de celui qui l'a conçu avec moi. Le géniteur. Son *père*.

Calmement, je referme mon carnet. M'éloigne de l'ordinateur. Pendant plusieurs minutes, reste ainsi. Silencieuse, éblouie. Mon sourire ample comme un océan. L'instant suspendu. J'ai trouvé mon appui. Ou serait-ce lui, qui m'a trouvée ?

Et tandis qu'à mes yeux cet être trouve sa forme et prend vie… la fausse couche, dans l'instant, succombe.

Soudain, je n'ai plus un fantôme ; j'ai un *passé*.

Il a mon sourire taquin, mon caractère entêté… Il est parfait.

C'est le cadeau de lumière que me fait Lior, mon enfant envolé.

20

Ensorcelée

Lior ayant trouvé sa place, je me suis miraculeusement *agrandie*.

Je suis sidérée lorsque la vie, comme le corps, cicatrise et se régénère naturellement, une fois l'écharde ôtée. Ma vie reprend, plus explosive que jamais.

Mais d'un autre côté, problème. La fée Thérapie m'a ensorcelée. J'ai beau avoir découvert par ma créativité une issue à la tristesse qui me suffoquait, trop tard : j'avais goûté à l'élixir qu'est le développement personnel. Ce qui reviendrait à laisser un amish, qui habituellement se déplace en calèche, faire l'expérience du jet privé.

Car jusqu'alors, je n'entendais parler que de psychanalyses qui s'éternisaient sur plusieurs décennies à raison d'une séance par semaine, et dont les résultats positifs n'étaient même pas garantis ! Scandale. Avec ma Claire M., faut dire qu'on a carburé. Une séance, bim ! Le truc a trouvé son sens, sa direction, sa place. Réglé.

Dit + géré = digéré.

Voici le genre de slogans qu'on se souffle entre nous, d'un air entendu, dans cette nouvelle famille qui m'accueille : les « éveillés », les chercheurs de lumière, les nous-on-est-plus-avancés-que-les-autres.

Je suis à présent tentée de regarder l'intégralité de ma vie sous l'angle des traumatismes de ma famille sur huit générations dont je ne peux, objectivement, que racler la surface. De faire une lecture holistique de chaque coup de mou. D'interpréter chacun de mes symptômes après les avoir multidilués et passés au nanoscope.

Je suis prise dans la frénésie palpitante de ces mondes souterrains. J'ai l'impression de progresser dans ma vie. D'avoir une prise. Un plan. Et si les séances de thérapie sont d'abord apparues pour me soutenir à un carrefour délicat, je suis vite devenue le sponsor de tous les thérapeutes de France et de Navarre. Désormais, ce sont eux qui dépendent de moi.

Je prends un avion, plus un train, plus un bus, pour rencontrer une énergéticienne qui vit dans le Tarn, dont on me promet monts et merveilles. J'accepte de ne pas toucher la moindre goutte d'eau pendant vingt-quatre heures après un soin d'acuponcture Shenzhen. Je fais une diète de sel, sucre, viande, alcool et produits laitiers pendant une semaine avant de tenter l'ayahuasca, qui me fera vomir une nuit entière…

Plus c'est chelou, plus j'y crois, et plus j'y crois, plus j'en veux.

Le « rebirth », par une respiration particulière, me fait ventiler et mes membres se pétrifier ; l'écriture automatique ; les massages énergétiques ; l'hypnose bien sûr ; l'ostéopathie intrapelvienne ; la lecture de mes chakras… Et j'en passe, et j'en redemande, et j'y retourne. Je fais des chèques, je retire des espèces, je demande des avances, des rendez-vous d'urgence.

Je pratique le prosélytisme. Toutes mes copines se retrouvent chez les mêmes thérapeutes que moi et en plus, elles me remercient. Je suis *high*. Farcie de dopamine et de ma propre importance. Ceux qui ne veulent pas plonger tête la première dans l'océan gelé de leurs traumas d'enfance me semblent lâches et, au fond, je les juge. S'ils faisaient comme moi, ils iraient bien mieux !

Ne serais-je pas plutôt devenue... *psychorigide* du bonheur ? Maniaque des médecines alternatives ? Capitaliste du bien-être ? Au fond, je ne fais que chercher le moyen le plus court pour obtenir à moindre investissement des résultats spectaculaires. J'ai vécu une transformation une fois et, en bonne Occidentale, il m'en faut davantage. *Plus* ! Dans la logique propre à toute héroïnomane, je cherche à revivre le choc si jouissif de mon premier *shoot*.

Devenir « moi-même » est une proposition intéressante, mais elle ne suffit pas. Je dois en être la meilleure version. Chloé Plus-Plus. Chloé Premium, produit-témoin, qui confirme que tout cela fonctionne bien. Une Chloé enfin aboutie, à qui il ne manquerait rien. Dont, enfin, je pourrais être...

Fière ?

Avec laquelle je cohabiterais en paix.

Le voilà, non ? Notre réel objectif. Non pas gagner la médaille d'or du « Je » Olympique. Mais, tout juste, réussir à cohabiter avec soi-même, harmonieusement. Malgré *tout*.

Je ne dis pas, cependant, que mes thérapeutes sont nécessairement des charlatans. J'ai un bon flair et, pour la plupart, les ai trouvés compétents. Il y a indubitablement une part de mystère à l'existence, et j'aime y adhérer.

Je serais menteuse de déclarer n'y avoir rien déterré de valable. Le plus souvent, les rencontres sont fortes, les prises de conscience éblouissantes et les effets, miraculeusement concrets. Il m'est par exemple arrivé, à la suite d'une méditation banale, de voir disparaître à jamais un mal de dos chronique. Je ne peux pas l'expliquer, ni le reproduire, mais je suis bien contente de m'être aventurée sur ce terrain inconnu, invalidé par la science.

Avec le temps, je vois des blocages céder sous le poids de mes affirmations positives. Je m'observe devenir plus confiante, plus ouverte, plus en possession de mes moyens et aussi, plus libre de mes mouvements. Je suis témoin de nouveaux horizons qui prennent naissance en moi et me permettent de mieux respirer. De mieux *me porter*.

C'est l'addiction, qui me gêne. Qui choisit d'aller à ces rendez-vous ? La partie de moi qui croit en moi ou la partie de moi qui ne perçoit que mes lacunes ? Et puis… quand on part en quête, il est bon d'avoir un but, de définir une ligne d'arrivée… Où se situe la mienne ? Faut-il que je sois mariée, célèbre et milliardaire pour estimer que j'ai fait le job ? Ou suffirait-il que je sois capable d'aller à un casting sans trembler ? Je ne perçois pas bien le juste milieu.

Surtout, chaque pas que je pose en direction d'un nouveau cabinet nourrit mon désir d'atteindre une malsaine perfection : celle-ci prend racine dans une peur, celle de mon irrémédiable médiocrité. D'une certaine façon, plus j'affirme que je veux aller *mieux*, plus je renforce mon sentiment de n'être pas assez bien. Plus je supplie « réparez-moi ! » et plus je hurle ma plus grande honte : celle d'être fondamentalement cassée. À quel moment me donnerais-je le droit de vivre, tout simplement ?

En tout cas, ce qui est sûr, c'est qu'à l'instar de l'industrie de la beauté, il y aura toujours des gens pour se faire de l'argent en s'acharnant à nous faire croire qu'entre leurs mains, nous trouverons la pièce de puzzle indispensable qui nous manquait, et sans laquelle nous resterons pour toujours tristement incomplets…

Fuck that.

21
Incomplète

Courir après l'inexistant : j'avais déjà une certaine expérience en la matière. Depuis toujours, mes règles me fuyaient. Je n'ai pas attendu longtemps pour en parler à un médecin : la toute première fois, j'avais à peine quatorze ans.

« Pourquoi je n'ai pas mes règles tous les mois ? » ai-je interrogé naïvement, comme si on allait me livrer une réponse directe, dans un bureau aux murs blanc cassé du Planning familial. Je m'y étais rendue à l'insu de mes parents, par suite d'un retard de lunes de plus de trois mois qui me faisait envisager le pire… Le test de grossesse étant revenu négatif, j'avais soufflé de soulagement avant de poser la question fatidique, la seule qui m'intéressait : « Pourquoi ce retard ? » La réponse, aussi fade que la couleur des murs, m'avait alors déçue : « Parce que, mademoiselle, *c'est comme ça*. » Suivi de : « On va vous prescrire une pilule, OK ? Pour vous réguler. »

À cette époque, la pilule est ce bonbon magique et multifonction qu'on prescrit aux filles de mon âge comme le détergent trois en un vainqueur de la Foire de Paris. Il nous est tantôt servi contre l'acné, tantôt pour prévenir des grossesses non désirées… Dans mon cas, pour appâter mes règles. On ne prenait pas le soin des présentations, d'expliquer son mode opératoire. À partir de ce jour, je prenais un médicament toutes les vingt-quatre heures, étais libre d'avoir des rapports sexuels (à condition d'avoir un partenaire safe) et pouvais prévoir mes cycles à l'avance. C'est tout ce que j'en savais.

Pour me réguler, ça oui, elle m'a régulée. Mais comme un charme, les années où je décidais de m'en séparer, le philtre magique n'agissait plus. Je retrouvais mes cycles cancres. Mes saignements timorés. Mes rebelles. Plutôt « exception » que « règle ».

Mes copines, elles, ne saisissaient pas mon besoin de saigner. Elles qui grognaient dès les premiers signes annonciateurs auraient rêvé être à ma place. Parce que les règles, ça pue !, répètent-elles alors. Nous font souffrir, coûtent cher et nous contraignent – au repos, à la douleur, aux bouillottes, aux tampons, aux sautes d'humeurs. Sans oublier les peurs (bleues) des taches (rouges) qui menacent nos pantalons (blancs). Et le gâchis de culottes, bonnes à jeter malgré toutes les précautions prises en amont… On peut leur choisir une flopée de noms choux, « menstrues » ou « lunes » ou « ragnagnas », même se les imaginer comme des Anglais qui débarquent, mais que ces Anglais soient les Beatles, l'équipe féminine de football championne du monde ou l'œuvre entière des sœurs Brontë n'a aucune espèce d'importance. Nos règles nous torturent. Nous rappellent que nous, les femelles, sommes bien l'enfant la moins préférée de la nature, celle qui lui fait se dire : « Si j'avais su, je n'en aurais pas fait un deuxième. »

Un deuxième *sexe*.

Mais je ne voyais pas les choses ainsi. Prenais leur réticence comme un affront personnel. Je ne me sentais pas moins esclave de ces méduses, juste plus bancale.

L'année où je suis tombée enceinte, je n'avais connu qu'un seul cycle. La loose.

« *Pourquoi* ? » ai-je continué d'insister, avec les années. « Comment ça marche ?

– Ah bah... Toutes les femmes sont différentes, vous savez. Y a des blondes, des brunes... Y en a aux règles très ponctuelles et d'autres, comme vous... aux cycles plus longs. Mais ce n'est pas grave, rassurez-vous ! Vous pourrez quand même faire des enfants plus tard. »

(Merci... Je *sais*.)

Combien de fois ai-je réussi à soulever le plafond avec mon regard...

Pendant dix ans, on and off, j'ai tenu tête. À chaque rendez-vous, devant chaque nouveau professionnel. Pourquoi, pourquoi, POURQUOI JE SUIS COMME ÇA ?

Anormale. Ingérable.

Malgré tous mes efforts auprès des docteurs, je n'arrivais jamais à changer de statut, à passer de spectatrice à actrice. On me renvoyait sans cesse mon impuissance. Mon corps n'était pas vraiment le mien. J'étais plutôt son otage. Il me fallait baisser les bras et l'accepter.

« Décidément, me disais-je, je n'aime pas être une femme... »

Au bout de plusieurs années, j'en ai eu marre de ces discours trop mâchés. Toujours cette pilule dont on voulait me gaver et désormais, je m'y refusais. L'idée d'hormones synthétiques prises au quotidien ne me plaisait certes qu'à moitié, mais le problème se situait ailleurs. Je ne voulais plus tricher. Je revendiquais mon droit à un corps fonctionnel ou bien, au moins, à des explications convaincantes.

Je n'ai pas besoin de saigner bêtement tous les mois comme un rat de laboratoire.

Je veux *mes* règles.

Les miennes.

Si mes hormones s'y refusent, quelle en est la cause ? D'où vient cette faille ? Sans explication médicale je ne retombe pas sur mes pattes. Mais sur mes peurs. « Tu es une vraie femme maintenant », m'avait dit ma mère au jour un. Eh bien, non. Apparemment pas. Ma féminité m'échappe. M'impose de lui courir après. Et en conséquence je me sens inepte. Sans cesse renvoyée à un autre temps : soit à la prépuberté, soit à la ménopause.

Des aires, apparemment pour moi, hors de tout danger.

22

Jugée

Mais quel danger, au juste ?

Petite, je grandis avec les mêmes modèles brisés que tout le monde. Les femmes visibles dans les médias sont là pour nous manipuler : elles nous vendent de la minceur, du sexe, des machines à laver et du produit à chiotte. Celles au cinéma se font égorger, violer, secourir. Lorsque, dans les séries télé, elles excellent professionnellement, leur vie familiale dérive, on menace de leur retirer la garde de leurs enfants, on leur prescrit des médocs. Ingérables, borderline, obsessionnelles, elles n'arrivent pas à tout conjuguer. Entre le perso et le pro, le cœur et l'ambition, flashe une ligne de démarcation. Ces femmes avancent scindées.

J'ai beau savoir qu'il s'agit de fictions, ces images balisent mon terrain et, en plus, la réalité les rejoint ! À douze ou treize ans, quand je suis assez grande pour sortir seule dans la rue à Paris, je suis harcelée par des hommes adultes qui m'insultent si je ne les remercie pas pour la déclaration d'amour qu'ils offrent à mon derrière. Dans le métro, j'ai peur d'être attaquée. La nuit dans mon quartier, d'être assassinée. Grandir m'expose à ces dangers, mais grandir est mon destin. Et moi aussi, j'avance scindée.

Néanmoins, l'idée que ces peurs bien ancrées me pousseraient à rester accrochée aux rebords de la féminité ne tient pas debout toute seule.

Je ne suis pas convaincue que tout soit aussi facile que ça pour les garçons. Certaines choses le sont. Mais leurs modèles sont parfois aussi macabres que les nôtres. Si je garde bien en mémoire les femmes qu'on nommait sorcières, jadis brûlées vives, je sais aussi que les modèles de virilité évoquent des garçons qui partent à la guerre de force et servent de chair à canon. D'hommes non-violents dont les corps faiblissent sous le poids du ciment et des dalles qui ont fabriqué l'intégralité de nos routes, de nos immeubles et de nos ponts. Les femmes ont, certes, peur de vieillir, mais les hommes on peur de pleurer, se cachent pour souffrir, sont le plus souvent privés de leurs enfants en cas de divorce, et écrasés par un devoir de bravoure. J'ai connu des hommes physiquement ou psychologiquement malmenés par leur conjointe qui n'auraient jamais osé s'en plaindre. Si nous les femmes avons le droit de ne pas être traitées comme des objets, je ne connais que trop bien le langage et le dédain employés à l'encontre d'hommes laids, émotifs ou en errance financière. Des injonctions maintiennent tout autant cousues les bouches de garçonnets lorsque ces derniers sont les victimes de pédocriminels ; elles poussent de grands gaillards au suicide trois fois plus souvent que les femmes[1] ; leur ôtent, en France, six années d'espérance de vie. Tout ça n'est pas rien. Mais tandis que chaque camp ne perçoit que les privilèges de celui qui l'oppose,

1. En France, 75 % des suicides sont commis par des hommes, selon la Drees.

le système qui vise à tous et toutes nous exploiter triomphe.

Moi, ce qui m'inquiète, c'est que je ne sais pas dire « non ». Même pour défendre mes intérêts et mes valeurs. J'ai été si bien conditionnée, si précisément contorsionnée par les règles de civilité commune, que même pour défendre un enfant, comme c'est arrivé une fois, à qui l'on mettait une fessée en public, ce qui à mes yeux est grave et, à ceux de la loi, interdit, j'ai dû me faire violence pour exprimer le choc que cet acte provoquait. Il y a une force en moi qui me tient à carreau, au point que je résiste à demander des augmentations de salaire, à avoir des mises au point importantes dans ma vie personnelle, à m'opposer à certaines injustices flagrantes, à quitter des mecs avec qui je ne désire pas être. Je crains d'être abandonnée par les miens. De me sentir inadéquate, jugée, exclue. À cet endroit, la féminité est une zone terrifiante.

On m'a promis la liberté. Si seulement elle n'était pas conditionnelle ! Je mourrais pour l'approbation d'autrui, dommage que les conditions d'acceptation semblent aussi précaires que la surface d'un lac fraîchement gelé. Les injonctions non seulement s'empilent mais s'invalident entre elles, si bien que le trophée pour récompenser notre bon comportement ne cesse de reculer.

Mais mon besoin viscéral de tenir ce trophée entre les mains ne disparaît pas, lui. Voilà le plus triste. Après toutes les avancées de notre société, nos petites et grandes révolutions, qu'elles existent dans la sphère privée ou publique, dans la rue comme au travail, nous sommes toujours en train de nous noter sur vingt. D'évaluer la voisine de palier, la collègue, l'amie. De ne l'espérer ni trop belle ni trop laide, trop sexy, trop jeune, trop vieille, trop mince, trop grasse, trop triste, trop joyeuse, trop discrète, trop bruyante, trop à fleur de peau, trop *fucked up*, trop sage, trop célibataire, trop mariée, trop goulue, trop mère, trop indépendante, trop codépendante, que ses dents ne rayent pas trop le parquet, que sa maternité ne soit pas trop tardive, trop indécente, trop sensuelle, trop égoïste, que l'amour de sa vie ne soit pas trop jeune ou trop âgé·e, trop riche ou trop pauvre, trop banal·e ou trop exubérant·e. *Too much.* Excédante.

Vivre avec la peur du « trop », équivaut à n'être jamais suffisante.

Ainsi, la vie de femme constitue un marécage à haut risque dans lequel je préfère ne même pas m'aventurer. Et mon corps, qui a de nouveau capté avant moi ce qui se tramait, tente de me protéger de ce carcan trop lourd.

Après tout, ce sont bien des *règles*, dont je suis éloignée.

23
Récidiviste

Depuis deux ans, je suis en couple avec un charmant jeune homme que j'aime plus fort que le printemps. « C'est *lui*, j'en suis sûre », dis-je à mes amies. « Le *bon*. » Un prince des terres du vent, mi-Celte mi-Touareg, au regard profond. Une vivacité d'esprit, du caractère, un humour qui éjecte régulièrement tout le vin rouge de mes narines. La première fois qu'on s'est embrassés, j'ai jugé bon de clarifier la situation. Fatiguée de tomber sur des gars qui n'avaient pas l'intention de s'attacher, je lui ai murmuré, sur un ton un brin menaçant : « Si tu m'embrasses, ça veut dire qu'on est en couple. » Il y a eu un silence sidéré, puis il s'est remis à me manger la bouche. Un prince, vous dis-je.

On a fait de mon deux-pièces parisien notre nid.

La journée, j'y vis seule. J'y prépare mes castings, j'envoie des mails, je fabrique des démos, je traduis des textes. Je réfléchis à ma féminité. Je lui confectionne son portrait chinois. « Si elle était un animal, elle serait… »

Une loutre ?

Ce matin, je suis de nouveau allée faire un test de grossesse – la faute à mes menstruations en hibernation et leur relation ambivalente à la loyauté.

Un énième, donc. Je les enfile mécaniquement à ce stade, comme des épilations. Ces petites piquouses me rassurent. Je me les offre toutes les six semaines au nom de ma paix intérieure. Mon petit soin du visage relaxant, à moi !

Je checke les infirmières en entrant, ces personnages désormais récurrents de la saga qu'est ma vie. Dans un mouvement moult fois répété, je récupère l'enveloppe que Caro me tend, fais signe à Lisa, ramasse le stylo de Déborah tombé à mes pieds, j'ouvre l'enveloppe sans la regarder, survole les pages, tatati-tatata, et peu anxieuse, enfonce le tout au fond de mon sac à main : rien à signaler. Comme d'hab'. Je respire, satisfaite, et tourne les talons.

Dans une heure commence mon cours de danse hebdomadaire, alors je ressors du labo pour reprendre le chemin de la maison et aller me préparer. Nous sommes un joli jour d'avril ; depuis deux semaines, j'ai vingt-quatre ans.

Un pas, deux pas et je doute.

J'interromps ma course tandis que mon cerveau tente de remettre dans l'ordre ce qu'il vient de visionner, ces chiffres écrits noir sur blanc, ces lettres qui forment des mots imprononçables d'origine latine, *leucocyte*, *nucléaire*, *hémoglobine*, le mot *négatif* aperçu ci et là. Le mot... *positif* ?

Nan.

Si ?!

Mainan !!

Ma main, en automate, replonge fissa pour réémerger une seconde plus tard, agrippant l'enveloppe. Je la tiens à distance. La regarde sans l'ouvrir, avec appréhension.

« C'est impossible », me dis-je, en secouant la tête.

Il est vrai que depuis quelques jours j'ai les tétons douloureux, les émotions à vif. Vrai aussi que je passe par toutes les humeurs de l'arc-en-ciel en un temps record. Mais quand même : pas moi ! Pas une *deuxième* fois !

Sur le trottoir, des Parisiens pressés de rentrer à la maison me contournent par tous les côtés. Leurs mains à eux tiennent des baguettes de pain, des smartphones, des sacs de courses, leur progéniture. La mienne semble tenir mon destin. Ou plutôt, le retenir.

Le maintenir sur pause.

Concentrée, j'essaie une dernière fois de me rappeler ce que j'ai lu et puis mince, j'y vais. Je ressors le papier du ventre de l'enveloppe, ligne après ligne le parcours, message codé après message codé, jusqu'à trouver la ligne qui m'intéresse. Je la relis, comme il y a trois minutes, comme il y a quatre ans : « POSITIF. »

Positif ? !!

Pause.

Je regarde droit devant, le visage bloqué, la bouche en « o ». Le papier à la main, je me mets à avancer comme un robot. Je respire fort et soudain m'aperçois que mes mains tremblotent. Un tremblement qui prend sa source dans mes tréfonds. Au creux de mon plexus je peux sentir comme une minuscule, mais très nette, déflagration de joie et sans pouvoir m'en empêcher, me mets à sourire radieusement. J'ai sur le visage le sourire de celle qui vient de tomber instantanément amoureuse : un sourire surprenant et inévitable, et plus fort que tout.

Mon dieu… Je suis enceinte.

QUELLE CONNE !

Quel bonheur.

MAIS QUELLE CONNE !

J'éclate de rire toute seule en plein trottoir. Puis, tombe en sanglots. Je ne sais pas quoi faire de cette information. J'ai vingt-quatre ans, merde ! Je ris de plus belle. Je n'ai même pas les moyens d'aller régulièrement chez l'esthéticienne !

Qu'est-ce qu'on va faire ?

24

Conciliante

19 h 58.

J'attends, les yeux scotchés sur la porte d'entrée, que mon prince rentre à la maison. Agitée. Tendue. J'essaie d'imaginer sa réaction. En même temps, il sait comment les enfants sont faits. Sera-t-il vraiment surpris ?

20 h 03.

Dans ce moment je ne peux m'empêcher de repenser à ma première grossesse. J'ai si peur. Si peur de tomber de nouveau dans une interminable dépression, si jamais je-nous décide-décidons d'avorter, j'anticipe de revisiter ce vide-là. En même temps, je ne vais pas non plus faire un bébé pour m'éviter une mauvaise passe. Enfin, peut-être que tout le monde fait ça ?

20 h 09.

Je m'étais promis de ne plus tomber enceinte... Pour ne pas me trouver face à ce dilemme. Le garder ou non ? Qui a la réponse ? Je suis tentée de repousser toute émotion au plus loin de moi. Mais j'ai conscience que cette attitude m'a nui, la dernière fois. Au contraire, il va falloir que j'accepte de reconnaître et de vivre pleinement chacune d'entre elles.

20 h 18.

...Il me faut m'agrandir, non me rapetisser. Me relâcher, non me raidir. Tout ce qui demande à exister a le droit d'exister. Mes interrogations, mes doutes... ma curiosité. Avec nuance, relief, contraste. En toute humanité... J'ai droit à cette humanité. Et si, à ce moment précis, je suis juste intriguée ? Je n'ai, après tout, pas besoin de trouver tout de suite mes réponses... Et si je m'accordais du temps, avant de sceller ma sentence ?

20 h 22.

À mesure qu'il ne vient pas, je prends ma place à la tête de ce navire. Quel genre de commandante voudrais-je incarner ? Puis-je me montrer généreuse envers moi-même, et souple ? Tiens, faisons un jeu. Quel serait le plus beau cadeau que je puisse m'offrir, dans ce moment ? De quoi ai-je le plus besoin ?

20 h 27.

De m'autoriser de la joie.

20 h 28.

De laisser exister en même temps que l'angoisse, la félicité qui s'est imposée à moi quand j'ai découvert mes résultats. Terrifiant !

20 h 29.

Mais la nier me priverait d'une ressource dont j'aurai besoin, quelle que soit la finalité. La nier reviendrait, en cas d'avortement, à mettre fin à cette grossesse deux fois.

20 h 31.

Pourquoi tenter de réduire ce qui ne peut l'être ? Je suis assez solide pour éprouver mes émotions. Fini de fuir.

Mon cœur est assez ample pour garder blottis en lui des sentiments contraires.

Garder l'enfant ou ne pas le garder : dans les deux cas, j'aurai un deuil singulier à traverser. Ignorer ma joie ne me rendra aucun de ces deuils plus aisés. Au contraire. C'est elle désormais qui me servira de socle.

À 20 h 36 exactement, une clef se faufile dans la serrure de notre porte d'entrée, celle-ci s'ouvre grand et le voici. Il entre en retirant son manteau. Lorsqu'il m'aperçoit, les genoux contre ma poitrine et discrète sur le canapé, blême, il se montre surpris : « Bah alors ? T'es pas à la danse ? »

Oh si.

Regarde bien.

Là, je danse.

25

Sens dessus dessous

Plusieurs jours s'écoulent autour de nos discussions, mises en situation, efforts de pragmatisme et questionnements existentiels qui prennent majoritairement place dans notre salon, chacun de nous sur un canapé différent, assis, allongé, en boule, avec à la main une tasse de thé froid et du chocolat au lait plein la bouche, les cheveux encore moins bien coiffés que d'habitude, en larmes, en sueur, en froid, enlacés, en position de la cuillère, faisant la sieste.

Voici la liste de tout ce qui, à ce jour, est vrai :

1) Je suis enceinte et j'en suis réjouie.

2) Je suis enceinte et il est inquiet. Mais aussi réjoui.

3) Je le rejoins sur l'inquiétude. Je suis également inquiète.

4) *Très.*

5) Nous voulons des enfants ensemble.

a) Peut-être plus tard ? Lorsque nous gagnerons mieux notre vie (où mettre cet enfant ? combien coûte un paquet de couches ?), lorsque ma carrière sera sur des rails, lorsque nous l'aurons réellement décidé ?

b) Peut-être maintenant ? (Cf. « aujourd'hui est un cadeau et c'est pourquoi on l'appelle *présent* ».)

Après des équations de type mathématiques, telle que : [(désir ÷ contrainte) x (chance + nécessité)] x (responsabilité^{2} + insouciance – grasses matinées + accouchement par voie basse) > (bonne étoile^{33}) x [sang + morve + pipicaca] < amour inconditionnel$^{<3}$ – temps/argent = je me montre officiellement en faveur de faire naître cet enfant.

Après une similaire équation, mon prince ne se montre *pas* en faveur de garder l'enfant.

Oh, boy.

Moi qui me suis toute ma vie préparée à dégainer un « Mon corps mon choix ! » à quiconque me forcerait à devenir mère ! Je n'avais pas anticipé cette inversion des rôles...

Dois-je forcer cet homme que j'aime à devenir parent et croiser les doigts pour que tout se passe au mieux ? Dois-je me résoudre à abonder dans son sens, et prendre ainsi le risque d'une nouvelle dépression ? Dois-je le quitter et élever seule mon bébé ? Serait-ce juste envers l'enfant, envers le père, envers moi ? Quelqu'un d'autre que moi peut-il prendre cette décision ? Qu'écouter, du cœur ou de la raison ? Que faire de mon amour pour mon prince ? Que faire de mon désir de maternité ? Dix-huit ans, c'est tout de même long... À qui la priorité ? Que serais-je amenée à regretter ?

Mon corps... Mon choix...

Plutôt mon fardeau, non ?

26

À l'écoute

Je me savais déjà suffisamment dévouée à l'enfant pour ne pas vouloir lui imposer un père bof convaincu. Ainsi, ce sont les doutes de mon prince qui ont finalement fait craqueler ma propre incertitude. Que se cachait sous cette couche de glace ?

C'était à moi de le décider. De l'inventer.

Je pouvais, comme précédemment dans ma vie, me dire qu'il n'y avait rien dans mes profondeurs, tenter de me contourner, de m'éviter, de ne surtout pas toucher à ce qui m'habitait. Ou alors je pouvais rassembler mes esprits ainsi que mes émotions, les convoquer, et me demander de quoi j'aurais besoin pour raccommoder en pleine conscience ce tissu psychique. Remplir ce vide d'éléments bénéfiques. Le rendre sacré.

Je me savais sur un terrain glissant. Le fait de m'être « ralliée » à la cause de mon prince me rendait sans doute vulnérable à de possibles regrets. Je ne cessais de me dire que, seule, je serais allée au bout de la grossesse, je m'en serais sentie capable. Mais je n'étais pas seule.

Mon urgence se résumait donc à tenir éloignés de moi les démons de la dépression.

Par chance, j'avais de l'expérience dans ce domaine. Je pouvais à ma guise l'interroger, humblement la prendre pour guide.

Priorités : tout d'abord, comme j'avais commencé à le faire, accepter toute la palette des émotions faisant surface. Me donner le droit de broyer du noir autant que de savourer les éclats positifs qui venaient me chatouiller, sans jugement. Le deuil a ses raisons que la raison ignore. Je ne souhaite pas me réveiller dans trois mois et me prendre dans la figure une charge émotionnelle refoulée, et me dire : « Mais en fait ça me rendait heureuse d'être enceinte ! » Oui, je suis heureuse de porter la vie et, oui, je vais avorter. Oui *et* oui. Si bonheur il y a, bonheur je prends. Si tristesse il y a, tristesse je bois. Quoi qu'il en soit, j'abandonne les rênes à ces reines : elles ont des choses à m'apprendre sur moi.

Lui et moi ensemble, nous nous sommes mis en quête d'un prénom. Selon les mêmes modalités que je l'avais fait pour Lior. Celui que nous avons élu, d'origine africaine, signifie « calme paisible ». Je me le chante comme un mantra tout au long de mes journées, espérant que les mots infusent leur puissance dans cette phase délicate de notre vie. Calme paisible. Calme paisible. Calme paisible.

Je m'interdis formellement de minimiser l'événement. Je ne laisse pas à mon mental la moindre chance de faire comme si de rien n'était. J'interromps toute pensée en moi qui va dans ce contresens. J'achète une bougie de neuvaine dans une petite boutique. Le jour de notre rendez-vous chez mon gynécologue approche. C'est décidé : après avoir ingurgité le premier comprimé, nous allumerons cette bougie et laisserons sa flamme rayonner à toute heure, neuf jours durant. À toute heure, cette flamme nous offrira sa lumière en chuchotant, *Ceci a existé.*

Une heure avant d'aller à ce rendez-vous, nous plaçons la bougie de neuvaine encore éteinte sur une table qui servira d'autel, placée dans l'entrée de notre appartement. Incontournable. La neuvaine au centre, je décore l'autel de pierres précieuses, de fleurs vives et sèches. J'écris son prénom sur une feuille cartonnée et la pose à côté de la grosse bougie. Mon prince lui a écrit une lettre, qu'il remet à l'autel. Au moment de partir je regarde cette table, belle et pleine. Devant ce qui fut jadis un trou béant, je vois tout ce à quoi je vais pouvoir m'accrocher. À l'amour que, pour cette fois, j'ai refusé de sacrifier. Qui m'a solidifiée. Dans un instant fugace de recueil, j'invoque le calme paisible dont je veux me remplir.

27

Aux commandes

Assise dans ce bureau aux odeurs de renfermé, je me répète mon mantra.

L'agrippe à moi.

C'est la première fois de ma vie que je rencontre cette gynécologue. Le docteur qui me suit depuis quatre ans est en vacances, je l'ai appris en prenant mon rendez-vous, il y a deux jours. Aujourd'hui, lorsque j'ai téléphoné à cette dame pour connaître sa voix et poser quelques questions, elle a fini par littéralement me hurler que je n'étais pas sa seule patiente et que je verrais bien quand j'y serais. J'ai raccroché et, poussée dans mes retranchements par mes hormones, ai disparu en sanglots.

Parfois, je ne comprends pas les médecins.

De toute ma vie, je ne me suis jamais trouvée, en même temps, en présence d'un gynécologue et d'un petit copain. Il est gentiment venu me soutenir, mais sa présence ne fait que renforcer la sensation rebutante de me tenir seule dans ce choix. *Mon* choix. Il faut que je me le répète. Mon choix, mon choix, *le mien*.

J'ai du mal à avaler ma salive.

Je ne savais pas, non plus, qu'on me réservait de la paperasse. Décharge de responsabilité 1, 2 et 3. Promis votre honneur, si je change d'avis je ne vous ferai pas un procès. Promis aussi, si le buté naît avec un handicap je ne serai pas fâchée, on restera potes. Oui, je jure sur la tête de ma mère que je comprends ce que je suis en train de faire, oui. Je signe, résignée, éthérée, tandis que le regard de mon mec reste figé sur le stylo qui fait des boucles sur le papier et que la réalité trouve sa masse et descend sur moi : 1) L'action qui s'ensuit sera irrévocable. 2) Personne d'autre n'agit ici sauf moi.

Et là, c'est une colère silencieuse qui monte tandis que je comprends pourquoi ce doit irrémédiablement être « *mon* choix ». J'ai tenu compte de l'être aimé et je suis presque certaine que je ne le regretterai pas mais, imaginons deux secondes, si je le regrettais. Je serai à jamais celle qui a accepté le gobelet rempli d'eau qu'une main lui tendait (elle s'empare alors du gobelet rempli d'eau que le médecin lui propose...), celle qui a placé entre ses deux doigts un comprimé de la taille d'un Tic Tac (entre le pouce et l'index, elle regarde le comprimé plus petit qu'un bonbon qui vient de lui être tendu...), celle qui aura porté à ses lèvres le poison censé terminer ce qui prend vie en elle (le plaçant dans la bouche, elle boit d'un coup le contenu du gobelet qui chasse le médicament jusqu'à l'estomac provoquant ainsi l'interruption de sa grossesse).

En une simple gorgée et trois fatales secondes.

Si je venais à le regretter, je m'en prendrais évidemment à moi-même. Ce n'est donc pas seulement « mon *corps* mon choix », mais : mon *risque,* mon choix. Ici encore, je dois apprendre à ma tête et mon cœur à cohabiter.

Politiquement, je suis au clair. Émotionnellement, je suis troublée. Mais que personne n'espère me fragiliser, en osant opposer mon choix à ma peine !

Je les assume tous les deux.

28

Terre à terre

Cinq minutes plus tard, désorientés, nous sortons de l'immeuble ; dix minutes plus tard, sonnés, nous achetons un croissant dans une boulangerie et vingt-cinq minutes plus tard, nous sommes en pleine conversation lorsque, quelques mètres devant, un pigeon prend le manteau d'une passante pour lieu d'aisances, et nous laisse, mon prince et moi-même, parfaitement hilares. Le fait que nous venons d'avorter semblerait oublié, rapport à ce gobelet d'eau que j'ai engouffré comme un shot de vodka, à ce comprimé sans saveur qui aurait pu tout autant s'appeler Doliprane. Rapport à la vélocité de l'acte, à l'absence d'outils ou d'intervention. Rapport à la facilité déconcertante qui ferait aisément zapper à mon cerveau qu'il s'est passé quoi que ce soit.

C'est pourquoi je me trouve paradoxalement rassurée, lorsque je franchis le pas de la porte et que je retrouve notre autel. Notre sanctuaire. *Ceci a existé...* Mieux qu'un témoin de ce qui vient de se produire, cet autel est un rappel de l'engagement que j'ai pris vis-à-vis de ma propre guérison. Chloé s'est fait l'avocat de Chloé. Le prénom choisi, l'étalage consciencieux sur l'autel, les fleurs achetées ne contiennent pas en eux-mêmes une magie mystérieuse qui me permettra d'aller bien. Leur puissance transpire du fait que je les ai rassemblés autour d'une cause à mes yeux essentielle : celle de me soutenir dans cette épreuve.

Cette table ne s'est manifestée que parce que *je* me suis manifestée.

Ensemble, ces objets forment un halo protecteur, incarnent la preuve d'une bienveillance que je me suis réservée. Là, réside leur pouvoir guérisseur. Nous allumons la neuvaine.

Pendant neuf jours et neuf nuits, la mèche a flambé.

Après quarante-huit heures j'ai pris le deuxième comprimé, responsable de l'expulsion. Celui-ci je l'ingère depuis le confort de ma maison. Je me suis réveillée le lendemain dans une mare de sang. J'ai eu de la fièvre et tremblé comme jamais et je me suis vidée entièrement. J'ai eu très, très mal. J'ai dormi la journée pour éteindre la douleur, pendant que les cellules embryonnaires s'éteignaient. Le troisième jour, un morceau plus gros que les autres s'est désencastré et ma douleur, comme il y a quatre ans, a immédiatement cessé.

La neuvaine brûlait toujours.

Pendant quelques jours j'ai continué à dormir dans mon sang.

Et la neuvaine brûlait.

Le deuxième soir, je suis étendue sur mon canapé en train de comater devant un film lorsque mon téléphone sonne. C'est mon père. Il m'appelle pour m'informer que mon frère, qui a quelques années de moins que moi et n'habite pas très loin, fait une crise d'angoisse à son domicile. Il voudrait que j'aille le voir, pour le rassurer.

Comme un geste automatisé cent fois répété, j'inspire un grand coup, sur le point de répondre : « Oui, bien sûr, donne-moi juste le temps d'enfiler mes baskets ! » Après tout, c'est ce que j'ai toujours fait. Et j'aurais agi ainsi, sans même y prêter attention, il y a encore six mois. Mais cette fois, je m'arrête.

Je prends une seconde pour faire le tri : il est 22 heures ; mon utérus poursuit son expulsion ; mon frère n'est pas en danger de mort ; son père peut se déplacer. Bien sûr, j'habite tout près, ce serait tellement plus pratique si je pouvais y aller !

Mais – même si je suis techniquement capable de marcher, de prendre le métro, d'avoir un discours rassurant, de tenir une main fraternelle – je ne le peux pas.

Il n'est plus question de faire comme si mes épreuves ne comptaient pas.

Alors, au lieu d'un oui franc, ce qui sort de ma bouche est une explication transparente. « En fait, Papa, j'ai avorté il y a quelques jours, j'ai toujours mal, je suis fatiguée, et là, je préférerais ne pas me déplacer. » Puis, après réflexion : « Moi aussi, j'ai besoin d'être soutenue. » Je propose en revanche de téléphoner à mon frère, de le distraire et de l'accompagner par ma voix, en attendant que mon père fasse le chemin.

Problème résolu et chacun est à sa place.

La mienne, résolument, est ici. À mes côtés.

29

Touchée par la grâce

Le processus d'expulsion terminé, j'avais le corps fatigué.

Je ne me sentais pas si triste, seulement épuisée.

Lorsque la flamme de la neuvaine a faibli, puis disparu, les fleurs sur l'autel avaient séché. Alors, nous avons coagulé les objets présents sur l'autel. Avons précautionneusement rassemblé chaque élément : fleurs, lettres, la neuvaine consumée, son prénom écrit à la main, les pierres précieuses.

Un jour de mai où il faisait à Paris un temps parfait, nous sommes partis avec tout ce barda en direction des quais de la Seine. Nous voulions symboliquement rendre à l'eau, l'avorté. L'eau lave. L'eau régénère. L'eau nourrit. L'eau avance, ne s'agrippe pas et laisse place au nouveau. Nous sommes faits d'eau.

En nous approchant des quais, un homme nous suit de loin. À la main, il porte des sacs remplis de vêtements et un lecteur de cassettes, dont les petites enceintes émettent une musique qui tourne en boucle. Je ne connais pas cette chanson, ne reconnais pas cette mélodie. Les paroles sont indistinctes. Je sais simplement qu'elles se répètent.

On descend les escaliers qui nous mènent au bord du fleuve. On s'installe sur un banc inoccupé dans une zone désertée. On sort du sac nos petites affaires. Un quatuor de jazz s'installe sur le pont qui nous domine, et se met à jouer. De la musique, partout de la musique, pour nous de la musique. Calme paisible.

La lettre écrite à l'être parti, nous l'avons brûlée. Les cendres sont placées dans le ventre de la neuvaine, avec les fleurs séchées, et quelques pierres précieuses, et la carte qui nous rappelle son prénom. Nous ajoutons de la terre. Nous enterrons des graines. Pour une nouvelle vie ! Qu'autre chose renaisse. Et passé ce moment bercé par la musique et le vent doux du printemps, nous jetons le tout à l'eau, adieu, adieu, porte ailleurs ton calme paisible, porte-le vers un jour nouveau.

On se regarde, l'air de dire « bon… et quoi maintenant ? » Nous ne ressentons rien de particulier.

Mais en prenant la rue dans le sens inverse, l'homme aux sacs se fait de nouveau entendre. La même musique, elle tourne en rond, ne nous lâche pas, refuse de renoncer. En s'approchant du métro, on est plus près de lui. Peu à peu, sa musique se fait plus prégnante et les paroles nous atteignent enfin. Des paroles qui en plein cœur me fusillent, me font vaciller et, au-delà, confirment que j'ai atterri où je le devais. Au bon endroit.

« *Somebody…*
I used to know
Somebody…
Now you're just somebody that I used to know… »

Et la vie, à nos pieds, s'est prosternée.

III

La peau

30

En confiance

Je n'en fais plus qu'à ma tête et descends plus loin dans mon ventre. En assumant pleinement mon nouveau deuil dans toutes ses facettes, en m'écoutant le plus subtilement possible, j'ai touché du doigt la grâce. Nulle dépression n'est venue m'amputer de mes facultés, cette fois. J'ai survécu et plus encore : me suis déployée. En dépit de la fragilité du moment, j'ai élargi mon propre territoire. Au lieu d'en être affaiblie, ne me sens que plus ancrée. Plus pleine.

Je suis faite de multiples voyages, de multiples paysages. Je suis un écosystème.

À cet endroit, la société ne me suit pas. Au contraire, elle me hurle que, pour jouir d'un droit d'exister, il me faut me couper de certaines parties de moi-même. Divorcer de mes émotions. Faire abstraction des réclamations de mon corps et m'empresser de le contrôler. De l'assiéger.

Qu'il représente un outil de travail, un moyen de transport, un appareil reproductif ? Validé. Mais pas plus. N'y cherchez aucun signe d'intelligence, de conscience propre et encore moins une personnalité : ce serait l'échec assuré. Nos corps sont perçus comme de bons serviteurs et de mauvais leaders.

Oubliez qu'aux premières secondes de nos vies, des corps qui n'ont jamais tété un sein savaient téter un sein. Oubliez que lorsqu'il s'agit de réparer un os, un tissu, une peine de cœur, le corps sait procéder. Étape après étape, comme de la dentelle.

Moi, je ne sais même pas tricoter.

Écouter son corps est considéré comme le summum de la bestialité.

Une faiblesse ; non une chance.

Croyant gagner en puissance, je l'ai donc réduit au silence. L'ai puni de vouloir exprimer des besoins, des désirs, son intégrité. *Non*, lui ai-je souvent répété, *nous n'avons pas besoin de sommeil. Ce danger, que tu perçois ? Illusoire. Cette émotion qui émerge ? Illégitime. Tes peurs m'encombrent. Ton stress me saoule. Chut !* L'idéal aurait été de l'envoyer au coin mais, malheureusement, j'aurais été obligée de l'y accompagner... Décidément : j'oublie toujours que lui et moi ne faisons qu'un.

Mais, donc.

Quelle est cette histoire de « confiance en soi » que notre société nous rabâche par la même occasion ?

Perso, j'ai cru en sa magie.

J'ai espéré qu'elle me tombe littéralement dessus. Qu'on me la remette comme un diplôme, parfaitement emballée et prête à l'emploi. Que je me réveille un matin, en sachant naturellement oser.

Faites-vous confiance ! nous presse-t-on, comme s'il s'agissait d'un interrupteur à actionner. Cette bimbo du développement personnel nous aguiche à la télé, à la une de magazines, sur Insta, dans le cabinet de nos thérapeutes, dans nos podcasts, en librairie, en stage de méditation et jusque dans la chambre de nos enfants. Elle brille, nous séduit et promet, à celle qui saura le mieux la conquérir, l'existence épanouie dont quiconque rêverait. Grâce à la confiance en soi, on va au bout de ses rêves ! on ne se fait plus marcher sur les pieds ! nos doutes disparaissent ! Elle est cet ingrédient à la fois miracle et suspect : sans elle nous ne sommes rien, et grâce à elle nous serions tout.

Il semblerait que l'individualisme qui frappe notre société capitaliste aimerait nous faire oublier que la confiance se bâtit – et pas toute seule. On a confiance *en* quelqu'un, *en* quelque chose qui doit donc, en amont, la *gagner*. Elle n'est pas un point de départ mais une ligne d'arrivée. Pour m'accorder à moi-même cette confiance et lui permettre de perdurer, il aura fallu qu'auparavant je fasse mes preuves. Vis-à-vis de moi.

La confiance en soi ne se décide pas : elle se vérifie.

C'est grâce à une écoute engagée que j'accède à mes besoins pour ensuite y répondre. Encore et encore, brique après brique. Ainsi, l'idée de *compter sur soi* prend chair, devient une option réaliste. Appuyée, non sur de la pensée magique, mais sur une expérience éprouvée.

Comment me faire confiance, par exemple dans la sphère sentimentale, si je passe mes journées à piétiner mon émotivité ? Comment me faire confiance professionnellement en même temps que j'exploite jusqu'à la moelle mes ressources ? Si je claque sans cesse la porte aux requêtes de mon corps, comment l'inciter à se laisser aller au plaisir, dans ma vie sexuelle ? Si je n'ouvre jamais la porte à mes larmes, par laquelle passera ma jouissance ?

Lorsque de nos actions transparaît une méfiance absolue de ce qui voudrait surgir de nous, se « faire confiance » devient une injonction supplémentaire.

Je n'ai pas d'autre choix pour aller au-delà, que de me prendre entièrement au sérieux.

Ce corps n'est pas mon véhicule ; il est mon lieu de vie. Ma maison.

Aidé du cerveau, il ne laisse rien au hasard. Les signaux qu'il m'envoie – la faim, la soif, le sommeil, mais aussi la colère que je peux ressentir d'un coup lorsqu'on me manque de respect, un ras-le-bol au moment de me rendre au bureau – sont des guides puissants. Ceux-là mêmes qui nous ont permis de parcourir des millions d'années.

Dégager ces indicateurs d'un revers de main parce qu'ils incommodent nos modes de vie préréglés revient à s'envoyer, à soi-même, le plus clair des messages : je n'accepterai aucune aide, je ne m'apporterai pas ce dont j'ai besoin. De refus en refus, le lien si essentiel entre soi et soi censé garantir notre autonomie s'affaiblit. Lorsque vient le jour où nous nous sentons crispés devant chacune de nos décisions, on se dit tristement : « Je n'ai pas confiance en moi. »

Bien sûr, parfois le corps nous indique une marche qu'il serait complètement fou de suivre. Besoin de dormir, alors que je roule à 120 sur l'autoroute, que je suis en plein partiel, que je console mon nourrisson ? T'es gentil, mon corps, mais pas là. Besoin de pleurer au milieu d'un entretien d'embauche ? Soyons pragmatiques. Mais cela ne devrait pas m'empêcher de prendre en considération le signal émis. De réserver à plus tard le besoin qui s'est manifesté et que j'ai pleinement reconnu. OK, va falloir que je réfléchisse aux raisons pour lesquelles mon boulot m'attriste. Oui, je m'autoriserai une sieste, dès que ce sera *safe*.

Je ferai ma part car je suis résolue, désormais, *à me croire.*

31

Admirative

La puissance de mon corps m'accompagne tous les jours davantage. Au cours d'une thérapie avec un psychologue, je finis par voir arriver dans ma vie un cycle menstruel régulier. Pour la première fois, des cycles de vingt-huit et vingt-neuf jours. Du jamais vu, en ce qui me concerne. Aucun médicament, aucune cause visible. Simplement un travail de fond sur les représentations féminines qui dorment en moi. Les dangers que j'y ai associés. Une certaine acceptation de ce que je percevais comme une immense et détestable faiblesse.

Je saisis que c'est en relâchant le contrôle, en baissant ma garde, que je déploie en moi une force sincère.

Dans la lignée de ce travail, je ferai un jour l'expérience du plus bel orgasme de ma vie. Sa particularité résidera dans le fait que je ne serai plus, en tant que telle, aux commandes de quoi que ce soit. Mais tout à fait soumise. Non à l'homme qui m'accompagnera alors. Soumise à mon corps. À son savoir-faire millénaire, à sa puissance éphémère. Je deviendrai, en ce court instant éternel, l'observatrice, écrasée par le plaisir, d'un truc indicible, serai l'humble véhicule de chair d'une jouissance incontrôlée.

J'éprouverai, pour la toute première fois, l'intégralité des muscles de mon vagin s'activer, indépendamment de ma volonté, et aspirer vers le ventre, dans un mouvement circulaire, le membre tendu de mon partenaire. Devant l'ampleur de cette torsion inverse à celle d'un accouchement, comment douter du fait qu'une conscience propre anime mon corps ? Cet animal instinctif qui connaît tant de choses que j'ignore. Quelle erreur de si peu m'en remettre à sa sagesse ! Mon plaisir, comme des encyclies qui se propagent en grandissant, finira par gagner du terrain sur mes sens. Alors, je ne saurai pousser aucun cri, étant incapable de la moindre démonstration volontaire. Mais râle après râle déborderont de ma gorge, de mes os, de moi tout entière qui, intensément présente, aurai cessé d'exister, pure matière par la lumière transpercée, constatant avec effroi que je n'ai rien à faire dans ce moment, sinon : me laisser transporter. M'émerveiller devant ce feu en veillant juste à ne pas l'abîmer et savoir du plus profond de mes entrailles que mon unique travail est de laisser cette flamme exister soit : la laisser, de souffle en souffle, me consumer.

Plus grande leçon de toute ma vie.

Si bien qu'ensuite, je me demanderai sincèrement de combien d'expériences heureuses je me prive, en bridant mon corps et en le programmant. Dans ce moment, je me demanderai même : la jouissance ne serait-elle pas notre état naturel ? Puisque certaines femmes ont des orgasmes lorsqu'elles accouchent ; puisque d'autres racontent les plaisirs découverts en pratiquant la respiration consciente ; puisque moi-même, lorsque je m'applique à manger amoureusement, je suis dépassée par l'enthousiasme. Il suffit d'observer les bébés pour se rappeler que la joie est corporelle. Une expérience à laquelle nous avons droit quotidiennement. À condition de garder sa porte ouverte.

Mais coupées de nos tripes, notre jouissance est devenue si raisonnée, si conceptuelle. On lape le jus sans croquer dans le fruit.

À moi, donc, d'apprendre à considérer mon corps comme plus qu'une simple machine utilitaire et séparée de moi. Parmi ceux que je connais qui s'efforcent d'être un peu sensibles aux requêtes de leur corps, la promesse d'une super-productivité reste souvent la clef. La grande mode, notamment chez les gourous américains – entre bains de glace et jeûnes intermittents, longues nuits de sommeil et smoothies à la spiruline –, c'est de cajoler leur corps pour le faire produire et exceller davantage. L'ambition motive à sens unique ces actions supposément charitables.

Mais nous habitons notre corps de la conception jusqu'à la mort. Il est notre véritable logis, notre refuge indéfectible. Tout ce qui m'arrive, m'arrive ici, *dedans*. Où que je sois, je m'y trouve. Qu'en est-il du respect, de l'amour, de la gratitude que nous lui devons ? Pourquoi notre simple affection ne suffirait-elle pas à le prendre au sérieux, comme ce serait naturellement le cas envers un ami ?

Moi qui ai connu la soif trépidante, l'envie démesurée de recevoir des messages magiques venant de l'Univers, des conseils d'archanges ou des signes du destin pour me conduire dans la bonne direction… Je ne me suis pas aperçue qu'à chaque milliseconde des signes personnalisés, créés sur mesure, me sont balancés, clairs et distincts, en soi tout aussi miraculeux. Ils existent grâce à une évolution humaine longue de millions d'années, sont notre plus bel héritage et me voilà qui me refuse de les prendre en compte.

La pleine conscience est apparemment plus tendance que la pleine *confiance*...

Alors à présent, je commence un nouveau chapitre, je lui dis : *Ton confort est mon confort, ta détente est mon succès, ta liberté est la mienne, ta parole m'importe, dis-m'en davantage s'il te plaît, et, au fait, qu'est-ce qui te ferait plaisir aujourd'hui ?*

32

Libre

Je deviens proactive dans cette recherche de cohésion avec mon corps, devinant qu'elle ne se fera pas d'elle-même. Pour suivre pleinement sa mouvance, me plonge dans le monde du flux libre instinctif, qui consiste à ne plus utiliser de protections hygiéniques pendant la période des règles.

Whaaat ??? !

Notre corps a la capacité de gérer son flux menstruel, je l'affirme.

Dans d'autres contrées que les nôtres, chez les femmes aborigènes d'Australie, dans certaines tribus polynésiennes, la continence menstruelle est une affaire ordinaire.

Le raisonnement m'ayant permis d'adhérer à cette idée, puis à tester cette expérience, est le suivant : lorsque j'étais petite j'ai porté des couches, comme de nombreux bébés. Je ne savais ni anticiper une envie d'uriner, ni l'empêcher. Ce mécanisme s'est mis en place par la suite. Non grâce à une évolution naturelle de mon système urinaire. Mais parce que mes parents m'ont appris à le faire. Ils ont induit cette fonction.

Je l'ai vu faire maintes fois sur des bébés de mon entourage. Un beau jour, les parents se lancent :

retirent la couche à leur progéniture, essuient d'abord quelques ratés, tentent de faire prendre conscience à l'enfant qu'une *sensation* spécifique précède le jet d'urine, lui demandent trente mille fois par jour s'il ou elle souhaite aller aux toilettes afin que lui-même ou elle-même apprenne à se poser cette question fondamentale et construise ainsi son autonomie. Les bons résultats tardent parfois à arriver. On change les draps, les vêtements salis, pour mieux féliciter l'enfant qui, enfin, aura manifesté son envie de faire pipi, juste à temps. Bref, c'est un processus ! Ni honteux ni sale. Une simple partie de la vie, admise et intégrée. Elle porte même un nom.

Lorsque l'enfant est « propre », ce nouveau pli devient coriace. Seulement quelques années plus tard, la moindre tentative de se faire pipi dessus volontairement devient un défi quasi irréalisable. Alors pourquoi ne pourrions-nous pas mettre en place des réflexes similaires, au moment de l'arrivée des règles ? Suffirait peut-être de demander à nos muscles cet effort-là ?

Idéaliste, je m'essaie à cet acte de liberté.

Ne *rien* porter.

Laisser couler…

Et que se passe-t-il ?

Une révolution.

Je respecte à la lettre les instructions de trois vidéos et demie trouvées sur YouTube : porter des vêtements amples, si possible pas de slip, pour que le cerveau intègre qu'il est, à partir de maintenant, sans filet. Boire de l'eau en quantité pour m'inciter à me rendre souvent aux toilettes. Et prendre note de mes sensations.

Résultats au premier cycle d'essai : plus de peur que de mal. Je commence par aller aux toilettes beaucoup trop souvent et m'aperçois que la façon dont je percevais mes écoulements – longues rivières de sang qui tombent en cascade – ne correspond pas à la réalité. Mon sang s'évacue ci et là, petits lâchers de barrages sporadiques. Je remarque également que leur rythme et densité varient et sont eux aussi soumis à un rythme biologique : je les découvre plus abondants jusqu'à la mi-journée, les vois tarir drastiquement à partir de 17 heures. Pour finir, lorsque je décide fermement d'aller me coucher sans rien, le corps se plie à mon autorité naturelle. Tout s'endort avec moi. Je me réveille le matin et saigne abondamment avec mes premières urines. Petit à petit, mon rythme urinaire et périodique s'harmonisent : aller uriner signifie saigner, et basta.

Ces changements me frappent, mais pas autant que les réflexions et prises de conscience qu'ils m'offrent.

Pour commencer, je perçois comme mes cycles m'étaient parfaitement étrangers. Que je ne savais rien d'eux, n'avais jamais essayé de parler leur langue... Les craignais sans les connaître. Une fois que je comprends le rythme de mes règles, je saisis que le fait de porter un tampon du matin jusqu'au soir revient à me balader avec un parapluie ouvert à tout moment, alors qu'il ne pleuvra que dans quelques heures.

Le fait que mon sang m'effrayait, m'horrifiait, même, devient limpide, également. Pour éviter la moindre tache, comme si c'était la pire chose qui puisse m'arriver, je me cachais 24 heures sur 24 derrière des montagnes de protections hygiéniques coûteuses. Et justement, parlons-en de ce terme étonnant, cette juxtaposition de mots : « protection » d'une part, « hygiénique » de l'autre. Terme qui, sans doute, se rapporte au vêtement que l'on vise à préserver, mais qui finit par se confondre avec la femme qui en a l'usage. Le mot « hygiénique » suggère que nos règles sont sales, tandis qu'à tout va on affirme « se protéger », ce qui imprime en nous l'idée d'un danger. Un danger qui transpire de notre propre chair.

Méconnaissance de mes cycles d'une part, peur du danger qu'ils font menacer de l'autre, ont donné naissance à des comportements parfaitement irrationnels de ma part. Craintes, stress et portage de « couches » à haut impact écologique et financier. C'est un certain poids que j'ai trimballé sans trop que je ne sache pourquoi. Ce dernier s'est accolé à mon expérience de femme, jusqu'à me faire croire que je ne me résumais qu'à cela : la honte d'être ce que je suis. De saigner, alors que je ne l'ai pas décidé.

Or, une fois libérée de l'injonction de traiter mes règles comme une tare, la vie m'apparaît sous un nouvel angle.

Face à mon flux, je suis bien plus sereine une fois que j'accepte la possibilité d'un débordement. Ça paraît contre-intuitif ? Mais entre la peur de ne pas avoir un tampon sur soi et la certitude de ne pas en avoir besoin parce que mon corps aura appris à me soutenir, il y a un monde. Ce monde s'appelle la tranquillité.

De fait, les premiers mois de tentatives sont ponctués de taches, de ratés. Mais ce n'est qu'un petit mal à court terme contre un bien à long terme et, fondamentalement, l'exécution est réussie.

Plus belle encore que la tranquillité, je redécouvre la puissance de mon autonomie.

Car ce à quoi j'ai surtout été contrainte par la société, c'est à l'incontinence. Une incontinence que je découvre évitable et, donc, cruelle. On a prétendu vouloir me simplifier la vie. On m'a juste accoutumée à un produit supplémentaire, qui en plus d'être dangereux pour notre santé (allô le syndrome du choc toxique), l'est aussi pour la santé de notre planète. Et je découvre, seule, que je peux, tout simplement, me vider de mon sang dans un lieu adéquat, sans être en permanence aux aguets ? C'est juste méchant, de retenir cette information.

Plus les mois passent et plus mon corps s'habitue. Mes cycles sont plus courts, quand je pratique le flux libre instinctif – quatre jours à peine au lieu de cinq ou six.

J'utilise toujours des serviettes jetables, dans des contextes précis : si je vais au cinéma, ou lors d'un long rendez-vous de boulot. Mais c'est moi qui décide, qui jauge, qui reste aux commandes.

Lorsque plusieurs années plus tard, en plein déménagement, je ferai le choix, pour le côté pratique, de porter des serviettes tous les jours, je serai choquée de constater comme mon corps se dérégulera immédiatement. Comme les saignements anarchiques dans ma culotte me seront désagréables, me donneront une sensation d'impuissance et de faiblesse que je n'avais jamais conscientisée auparavant. Que j'avais simplement accepté comme tels.

Le fait de me sentir, parce que je suis une femme, si dépossédée de moi-même.

33

Légère

Depuis l'enfance, je me trouvais enfermée dans une cage invisible. Limitée dans mes mouvements, empêchée dans la réflexion de moi-même. J'ai finalement osé ouvrir la porte, décidée à étendre mes petites ailes. Là, avec les pattes au bord du précipice, je me suis interrompue. Me suis rendu compte que sauter dans le vide s'avérerait parfaitement inutile.

La découverte aurait pu me fendre, me fissurer. Au contraire, la vérité m'a rassemblée.

Cette vérité enfantine, qui déroute par sa simplicité, m'a rappelé à qui j'étais.

Je n'avais pas besoin de quitter cette cage !

Car il n'y a *jamais eu* de cage.

34
Hormonale

Les barreaux ont été plantés dans nos cerveaux. Attention, je ne dis pas que les inégalités systémiques entre les hommes et les femmes sont des fables que nous nous inventons. Je dis que les systèmes qui nous désavantagent reposent sur des mensonges que *nous* alimentons, à force de bien vouloir y croire.

Par exemple, que notre valeur est en concordance directe à notre tour de taille. Qu'il nous faut perdre de toute urgence nos kilos de grossesse, sous peine de perdre l'être aimé. Que nos rides sont un problème digne des centaines d'euros que nous y consacrons à l'année, en crèmes faites de pétrole, en Botox ou lifting. Que le temps qui passe est notre ennemi, quand bien même nous n'avons d'autre choix que de l'éprouver. Que nos vulves devraient être chirurgicalement rapetissées. À quel moment avons-nous cessé de nous interroger sur nos motivations ? Que chacune agisse comme elle l'entend, j'y tiens. Je ne suis juste pas certaine que nos cerveaux soient en mesure de rivaliser avec des industriels qui ont des moyens colossaux pour nous influencer. Est-ce encore « mon » choix, si au moment où je le fais, j'ai comme la sensation d'un pistolet sur la tempe ?

Et dans un monde qui part en cendres à cause de notre surconsommation, il va bien falloir qu'on accepte de renoncer à ces béquilles, fausses solutions à des problèmes créés de toutes pièces, et une bonne fois pour toutes se dire, *ça va*. Telle que je suis fera l'affaire. Zéro ride à remplir, rien à lisser, ni – mot que j'exècre – à *combler*. Je ne suis pas un trou !

Je suis *ainsi*.

Rugueuse, inégale en surface.

Entière pour autant.

Car, en attendant, sous couvert de nous munir d'outils technologiques fantastiques, le capitalisme nous *démunit* de savoirs précieux, naturels, issus d'une transmission vieille de plusieurs millénaires. Ah, et j'oubliais : *gratuits*. Je suis désolée, vraiment, d'enfoncer des portes ouvertes. Je n'arrive juste pas à croire que des marques grâce à nous milliardaires arrivent encore à nous bourrer de leurs produits cancérigènes et que nous, non seulement on en redemande, mais on se le justifie. On se dit qu'on le fait *pour soi*. J'y croirai le jour je verrai une femme, seule sur une île déserte, décider de s'épiler les jambes à la cire.

Au fond, il existe toujours cette croyance bétonnée que, à l'état brut, on fait de la peine.

Et cette croyance s'infiltre dans toutes les facettes de la vie.

Des années après la fin de ma relation avec le prince, j'ai eu un crush monumental sur un mec de mon entourage et, un beau matin après avoir passé une jolie soirée en sa présence, ai été poussée comme du haut d'un plongeoir, avec joie et excitation, à lui déclarer ma flamme.

Naturellement, quelques secondes suffisent pour que cette idée soit par moi-même dégradée. Je l'ai trouvé, l'espace d'une milliseconde, absolument brillante, et maintenant la renie tout à fait. Hors de question que je fasse un truc pareil ; je ne suis pas *folle*, quand même !

De plus, je ne tarde pas à me rendre compte, tiens donc, que j'ai mes règles à ce moment précis. Et que, sans doute, ce sont mes hormones, ces chiennes, qui sont derrière mon désir impulsif et décérébré, de révéler mes sentiments à un homme qui va probablement me rejeter.

Je repose sagement mon portable. Sur mes gardes, le place à bonne distance.

Hormones pourries, irresponsables manipulatrices ! Qu'est-ce que j'ai pas failli faire ! Je le sais pourtant, que les hormones me rendent dangereuse. Elles sont ce petit diable posé sur mon épaule, ordonnant que j'exécute des actes répréhensibles.

Mais par une petite fenêtre ouverte dans mon cerveau, une question vole à moi, de je ne sais où, et se pose délicatement au mitan de mon néocortex.

« Au fait… Pourquoi mes hormones auraient-elles *tort* ? »

C'est vrai que, socialement, il est un peu gênant de se montrer vulnérable en déclarant ses sentiments à celui qui nous émoustille. Mais, justement : et si ces petites créatures indomptées possédaient une sagesse et une intégrité, jamais cultivée par ma société ?

Je décide de m'aventurer plus loin dans ce raisonnement.

Lorsque mes règles approchent, ce sont souvent des torrents de larmes et des colères imprévisibles qui se manifestent. Je m'en veux, généralement, d'être aussi sensible, aussi facilement provoquée. Ce qui ne veut pas dire que mes émotions étaient injustifiées. Simplement que *je* ne savais apprécier leur manifestation sauvageonne. Mais je crois, en fait, que j'en voulais à mes hormones, comme la société leur en veut, de n'être pas capable de *cacher la vérité*. Ce que je fais d'ordinaire si bien.

Là, impossible.

Les mensonges qui plaisent au monde alentour ne passent plus.

C'est donc de l'*authenticité* qu'elles se font l'alibi ; non de l'hystérie.

Elles m'interdisent de faire semblant. Ce n'est pas par hasard que l'ensemble de mes sens se décuple durant cette phase : mon odorat aussi, s'affine, je développe une sensibilité au chaud, au froid, à la douleur. Je ne suis pas *hors* de moi, mais au contraire : bien à vif.

Parfaitement alignée.

On m'a lavé le cerveau dès le plus jeune âge, en me faisant croire que ce qui sortait de moi pendant ces quelques jours de cycles, devait être craint, diminué. Or, je vois soudain les choses autrement. Les règles seraient peut-être l'endroit précis où les femmes ne peuvent être domptées. On salit l'image de nos saignements, tandis que les émotions qu'elles font émerger, sans détour, sont ridiculisées, afin que nous-mêmes, de notre « volonté » propre, nous leur tournions le dos. Mais si nous avions plutôt quelque chose à apprendre de leur sagesse ?

Je chope mon portable, reprends mon message, le relis deux fois. Je l'envoie.

Je n'attends pas une réponse positive de cet homme. Mais faire taire la voix qui m'ordonne de contrôler mes ardeurs est mon acte de résistance envers ceux qui voudraient me rendre toujours plus docile.

L'esprit tranquille, et le cœur palpitant, je poursuis ma journée.

Dans les quelques heures qui suivent, deux messages me parviennent de deux hommes différents avec lesquels j'ai été en couple à diverses périodes de ma vie.

Étonnante synchronicité...

Le premier est un simple cœur rouge, en réponse à une story Instagram.

Le deuxième, dix minutes plus tard, est une déclaration bienveillante et spontanée, à mon égard.

Je ne suis pourtant en contact régulier avec aucun de ces deux gars et je trouve ce timing cocasse. Deux messages d'une énergie d'amour, envoyés par deux hommes que j'ai aimés, à *ce* moment. J'ai envoyé de l'amour ; j'en ai reçu en retour.

Et là, en moi, une certitude émerge. Il me semble même que la vie me révèle un de ses secrets. Qu'en donnant le droit à sa voix intérieure de chanter plus fort que la voix de bonne conduite de notre société, on permet, parfois, à de très petits barrages invisibles de s'effondrer.

35

Animale

Un jour, assise dans le métro, je suis en face d'un homme au regard obscur qui me scrute avec une sombre insistance. Tout de suite, je le sens : il n'est pas là pour m'aguicher, celui-là. Il me *hait*, d'une haine viscérale. À mon épiderme aux aguets, le procès à charge à mon encontre semble évident.

Je prends le métro parisien toute seule, à toute heure du jour ou de la nuit, depuis mes onze ans. J'en ai maintenant vingt-sept. Mon expérience est une expertise, à ce stade. De toutes ces années, je n'ai jamais connu le moindre problème. Des gens bourrés, des hystériques, des mecs *relous*, j'en ai vu.

Mais lui, est différent. Il n'est pas « relou » ; juste terrifiant.

J'ai beau feindre de l'ignorer, mon pouls s'intensifie. J'ai peur. Tant et si bien qu'un élan en moi prend le relais. L'instinct de survie, sans doute.

Sans que je ne l'aie décidé, voilà qu'une main inexistante se pose contre mon os occipital, à l'arrière de mon crâne, et force ma tête à se pencher en avant. Contre ma volonté, je baisse les yeux, littéralement. Ma langue, alors, remonte d'un bloc dans le fond de ma gorge, qui se met à produire d'elle-même des mouvements rapides de déglutition.

Je deviens une biche. Une proie.

J'ignore la force qui a entamé ces mouvements, mais la possibilité d'y résister ne m'est pas donnée. Je *dois* signifier au prédateur ma soumission.

Nous arrivons à la station, je suis toujours figée. Le métro s'arrête, et je ne bouge pas. Attentive à tout, j'attends de seconde en seconde que les portes s'ouvrent, que les passagers entrent et sortent de la rame, que la sonnerie du métro, annonçant la fermeture imminente des portes commence à retentir, pour, sans hésitation, me lever brusquement et me dépêcher hors du wagon, juste à temps pour entendre les portes, qui retiennent le dangereux de l'autre côté, se refermer dans mon dos.

Parcourue de frissons soulagés, ma respiration est audible.

Finalement, plus de peur que de mal ; ainsi qu'une franche fascination pour les dialogues souterrains qui ont manifestement pris place entre son inconscient et le mien.

Dans des moments tels que celui-ci, je ne peux plus l'ignorer : nous sommes bel et bien issus du règne animal.

36

Réceptive

Je le constate sans cesse : depuis que je suis à l'écoute de mon corps, la vie se montre à l'écoute de moi.

À ce moment précis, ma fausse couche est loin dans le passé. Je n'y pense plus, pour ainsi dire. Une copine veut me faire rencontrer un ami à elle, qu'elle imagine parfait pour moi. Il est plutôt beau, semble intéressant, je ne dis pas non. Mais dans ce monde où existent les réseaux sociaux, un détail n'échappe pas à mon attention : cet homme que je m'apprête à rencontrer pour un rendez-vous amoureux porte le même nom de famille, pourtant rare, que portait l'homme dont je suis tombée enceinte à l'âge de vingt ans.

La coïncidence me secoue instantanément.

J'hésite, du coup. Ce serait bizarre de sortir avec lui ? Ce serait bizarre d'annuler pour un tel motif ? Et si on finissait par se marier ? Et si j'avais vraiment des enfants avec celui-là ? Très, très, très étrange tout ça. Mais comme je ne suis plus du genre à résister à la vie, j'accepte d'aller voir ce qu'elle me réserve.

Un premier rendez-vous qui se passe bien est rapidement suivi d'un deuxième. On s'entend bien. Entre nous, tout est fluide.

Si bien qu'au deuxième rendez-vous, un peu alcoolisée, je décide de lui avouer mon petit secret. Ma fausse couche ancienne, ma trajectoire thérapeutique et puis, pour conclure : « ... et ce qui est drôle c'est que le mec avec qui j'étais, à l'époque, il s'appelait... comme toi. »

Ses yeux s'écarquillent lentement tandis que je me demande pourquoi au juste, je me suis décidée à rentrer dans ces détails-là. Il prend un moment. Son regard flotte joliment vers moi. Il s'approche tout doucement et, délicatement, sans rien dire, embrasse mes lèvres.

Pour moi, c'est le plus bel accueil qu'il aurait pu offrir à cette histoire. Toutes ces années plus tard, j'ai comme la sensation d'une réparation. Cette délicatesse se téléporte dans le temps pour aller envelopper la jeune femme perdue que j'étais alors.

Et après, quoi ?

Nous ne nous sommes plus revus. Mais dans les jours qui ont suivi une petite porte qui était restée fermée s'est entrebâillée. Pas la douleur du deuil. Une aigreur que je n'avais que survolée : celle d'avoir été laissée pour compte, à l'époque, par mon copain. De n'avoir pas été soutenue, accompagnée. Cette trahison-là, je ne l'avais jamais regardée.

Remonte d'un abysse lointain la peine intacte, pour mieux me quitter.

Un cyclone qui des pieds à la tête me traverse et me déchire.

Je pleure, non-stop, pendant trois jours.

Descends comme jusqu'au fond d'un océan, tenue par un fil d'or. Incapable de travailler, mais tant pis. Le monde ne s'arrêtera pas de tourner. Je m'étale sur mon lit et je laisse s'échapper ce qui est destiné à me quitter. Les cris et les larmes et une colère viscérale.

Un matin, je réémerge.
On y arrive toujours, au bout de nos émotions.
Grâce à cette rencontre fortuite, j'ai pu dégager cette mauvaise herbe et enrichir mon puzzle.
Me voilà sereine, apaisée et nouvelle.

37

Non non non non non

J'ai ouvert la porte. Une, deux, trois, quatre copines habillées de strass et de bijoux ont défilé jusqu'à mon salon en hauts talons, jetant au passage leurs manteaux dans ma chambre. Dernière soirée que j'organise dans cet appartement, avant de m'installer dans le nouveau. Celui que j'achète, seule.

Propriétaire. À mes yeux, le mot brille. Dans ma famille, acheter est l'exception, non la règle. Je ne croyais pas y avoir droit dans cette vie mais, miraculeusement, avec un peu d'organisation, beaucoup de chance, j'ai pu m'y risquer. Acheter des murs, du parquet ancien et des fenêtres. Une dans chaque pièce. La lumière y pénètre.

Il s'agirait donc de s'appliquer. Dire adieu généreusement à ce qui fut, pour mieux ouvrir les bras à ce qui point. Ce soir, nous danserons. Ce soir nous mangerons, boirons, rirons. J'ai tout prévu. Du champagne en quantité. Des fleurs. Des petites bougies, partout. Le meilleur parmesan, qui vient du petit traiteur italien du coin. Je porte une robe que j'aime beaucoup. Une robe dont je n'ai malheureusement plus le souvenir, à l'heure précise où j'écris ces lignes. Je fouille pourtant ma mémoire depuis une semaine. En vain. Mon cerveau l'a effacée.

À cette dépendaison de crémaillère, je suis remplie de cette sensation si agréable – si naïve – qui me traverse lorsque je passe certains caps. *Je suis sur la bonne voie*. Comme si la vie se gagnait par grades, en ordre croissant. Je veux m'en persuader. Mais les événements choisissent parfois leur propre trajectoire obstinée. Contre toute attente.

/

Nous devions nous retrouver au nombre de dix, ce soir-là.

Dix femmes, autour de ma table.

Dix bonnes vivantes.

Mais dans les deux heures qui précèdent le commencement, par le plus grand des hasards et sans se passer le mot, cinq d'entre elles, à la queue leu leu, annulent.

Je ne leur en tiens pas rigueur, mais quel dommage ! De dix nous passons à cinq. La bouffe est prête, les bouteilles sont fraîches. On ne va pas gâcher tout ça. J'envoie comme des confettis quelques textos de dernière minute. « Viens ! », « Passe après, si tu veux ! » « On reste là, venez quand vous avez fini ! »

Plus tard, j'ouvrirai la porte.

Mais d'abord, la soirée se déplie, délicieuse. Plus intime que je ne l'avais imaginée, mais tout aussi douce et drôle. Entrées, plats, fromages, desserts. Champagne, champagne, champagne. Les souvenirs fusent. « Toutes les fêtes qu'on a connues dans cet appartement ! La fois où le bar s'était écroulé, tu te rappelles ? Tiens, je te ressers. » Puis, un pote m'écrit, à presque minuit. « Vous y êtes encore ? Je peux venir ? » Et moi, imbibée de champagne, de nostalgie et de joie, de répondre sans hésiter : « Ouiiiiiiii ! »

La vie reçoit son deuxième signal, elle rebat ses cartes.

/

Nouveau virage : l'une de mes invitées, enceinte de six mois, déclare sa fatigue et choisit de rentrer. Elle en entraîne une deuxième dans son mouvement. Nous devions être dix, nous ne sommes plus que trois. Le cercle rétrécit, nous parlons plus bas, la musique sonne faiblement. Dans cet appartement où livres et objets de décoration dorment dans des cartons, le moindre mot provoque un écho. Ce n'est pas très accueillant. Nous discutons quelques minutes en catimini, puis les deux restantes disparaissent elles aussi…

Nous aurions dû être dix ; il y a vingt minutes, nous étions cinq et me voilà. Seule.

Lorsque trois minutes plus tard ça frappe à la porte, bien sûr, j'ouvre.

/

« Il reste tellement de bouffe ! T'en veux ? »

Nous nous connaissons depuis des années mais sommes devenus plus proches ces derniers mois. Il m'avait présentée au dernier homme dont j'ai été amoureuse, qui m'a quittée il y a deux mois et m'a rendue inconsolable. Depuis, on se côtoie et je pleure sur son épaule. On boit des cafés, on dîne ensemble, c'est bon enfant. Je suis en boucle sur le mec que j'aime et lui, sur ses projets d'emménagement avec sa meuf…

Telle une vraie *mamma*, j'ajoute à sa pasta sel, poivre, parmesan et, bien sûr, lui offre une coupe de champagne. « Tiens, ton assiette ! » On se cale sur mon canapé, pépère.

Jusqu'ici, rien d'anormal.

/

Je regarde l'heure. Déjà deux heures sont écoulées, on n'a pas arrêté de parler ! Mes pauvres paupières ne résistent plus à la nuit. Trop de champagne. Je rêve de retirer mes lentilles de contact, de me glisser dans mon pyjama… Allez, faut fermer boutique. Dodo.

J'étais avachie, je me redresse.

M'imitant, il se redresse aussi et pose sa coupe sur la table basse. Il semble avoir compris mon message sous-jacent. Je suis assise, mes mains sur les cuisses, mes pieds à terre, prête à me décoller du canapé. Un regard, un flottement. Il se jette sur moi.

Dans ma tête, une voix demande : « Wow, wtf ? Comment je me suis retrouvée là ? »

Là : sur le dos, aplatie.

Il me surplombe. Sur mon visage, dans mon cou : ses lèvres et sa langue. Il embrasse. Je suis cette personne qu'il embrasse, désorientée. Je cherche une prise mais tout me bloque. Ses épaules m'empêchent. Ses mains, paluches massives, tiennent mon visage. J'essaie de me glisser, je suis coincée. Alors je pouffe de rire, *qu'est-ce qui lui arrive ?* Je n'y crois pas. Mon palais est pourtant parcouru par sa langue. La *sienne*. Bizarre. La langue de mon pote, la bouche de mon ami. Sa salive.

/

La bête respire au-dessus de moi, me renifle. Je suis figée, lui n'est que mouvement. Son visage est dans ma nuque, ses mains traversent mes cheveux, ses doigts glissent contre mes collants. J'ai mille trains de retard, je réalise à peine. Sa progression fulgurante me dépasse, il est une fusée je suis un ver. Je tente de remettre le monde dans le bon sens : « Mais… Mais… Je lui *plais* ? ! » Car après des semaines à lui avoir étalé mon chagrin d'amour sous toutes ses coutures, je n'avais pas senti passer entre nous le moindre courant érotique, et j'en tombe des nues. Tandis que je m'arrête sur ces considérations dont je n'ai, en réalité, pas le luxe, il progresse, imperturbable sur sa lancée. Peut-être, même, content de lui. Car contre mon ventre son sexe durcit et je devine, soudain, où nous sommes menés, ce qui m'attend dans la doublure de l'aube, si je ne riposte pas.

En fait on est sur le point de coucher ensemble, là.

Je sabre ma léthargie. Dessaoule d'un jet. Je n'ai rien contre les coups d'un soir, mais je ne veux pas coucher avec *lui*. J'ai la ferme intention de reconquérir le cœur de celui que j'ai perdu et si je passais la nuit avec l'ami de mon ex-amour, tout rabibochage serait inenvisageable. Puis, en plus, il est en couple ! Puis il a clairement pété un câble ! Puis je ne l'ai pas fait venir pour ça !

/

Je suis de nature bavarde mais, là, aucun mot ne trouve le chemin du dehors, je ne sais plus prononcer une phrase. Ce n'est pas ma voix, qui flanche. Ce sont mes neurones. Ils ont déserté la zone du langage. Au prix d'une concentration extrême, *une* syllabe parvient à fuir le sable mouvant, remonte à la surface comme une bulle d'air : « Non. »

Je l'ai articulée calmement. Inutile de lever la voix, ceci n'est qu'un malentendu. Un ton haussé l'accuserait ; ce n'est pas mon intention. Je dois gentiment le rembarrer, c'est tout. En essayant de ne pas trop blesser son ego. Pauvre chaton.

/

Problème : il continue. De plus en plus enflammé. Je m'imagine donc qu'il ne m'a pas entendue. Logique. Son corps écrasant le mien, ses mains gagnant plus de terrain et une certaine urgence se dégageant de ses bruits d'animal, m'abandonnent à un flou déconcertant. Je me répète pour m'économiser, légèrement plus fort et sans trembler.

« *Non.* »

N-O-N. Chemin le plus direct vers mon objectif, trajet le plus court. Car chaque mot pèse si lourd. Les enchaîner entre eux relève du labeur. Mais ce mot riquiqui, ce monosyllabe, se suffit, en principe. Il tient tout seul, comme une hache dans un tronc.

/

Rien en lui ne se désaxe. Le fait-il exprès, de m'ignorer ? Je dois raisonner l'entêté. Les mots sont emmitouflés, cachés sous trop de couches pour être facilement atteignables. Je parviens pourtant à en déraciner quatre, factuels : « T'as une copine. »

Il ne réagit pas.

Je dis : « Arrête. »

Il gigote toujours sur moi. Ne m'a pas encore adressé une seule parole.

Ultime tentative de ma part : « J'ai pas envie. »

/

Ses mains sont sous ma robe. Il cherche l'élastique, voudrait retirer mon collant. Je pouffe de nouveau face à tant d'absurdité, croyant halluciner. *Mékesskifou ?* Je plonge instinctivement ma main dans ma culotte et recouvre d'un geste maîtrisé mes parties intimes.

Lui barre l'accès.

/

Aucun changement de sa part, alors la voix, dans ma boîte crânienne, revient.

Pour me secourir.

Elle sait des choses que j'ignore, cette voix. Elle a compris avant moi que le féroce n'a pas l'intention d'interrompre son élan. La voix, apparemment douée pour les maths, a fait un calcul rapide : il est costaud, ce gars, me dépasse en taille, en poids. Il me recouvre tout entière. Si je me dégageais de sa prise, il faudrait pouvoir m'échapper ailleurs.

Or, j'habite *ici*.

La voix sait aussi qu'il y a un deuxième obstacle, plus vicieux, peut-être, que le premier : pour sérieusement tenter d'échapper au bourreau, il faudrait que j'aie conscience d'être *en danger*. Ce n'est pas du tout le cas. Notre amitié précède ses actes. Je ne peux associer ce bon samaritain à de la *self-defense*, à l'action de gifler, ni même d'insulter. Il est rangé du côté des inoffensifs, comme le revolver chargé qu'un enfant découvre dans une boîte à chaussures sous le lit de ses parents. À quoi bon se méfier ? Les monstres, je ne leur ouvre pas la porte de chez moi.

/

La voix me souffle : « Laisse-toi faire. »

Et moi de négocier avec elle, à présent, puisque négocier avec lui s'avère infructueux : « Bah... non, voyons... »

Douce, aimante, elle ne tarit pas, me parle comme on rassure plus faible que soi : « Si. Allez... Ça te fera du bien, non ? Pour une fois. Ça fait longtemps que tu ne t'es pas envoyée en l'air. Ton ex ne l'apprendra pas, ne sois pas inquiète. Sois plutôt flattée qu'un homme ait autant de désir à ton égard. Combien de filles voudraient être à ta place ! »

La voix, cette grande maline, prend pour arguments les mantras de mon conditionnement : j'ai depuis toujours baigné dedans. Alors, y adhérer signifie suivre le chemin de la moindre résistance. Parfait, pour un cerveau en partie déserté.

/

Intérieurement, je me suis résignée. « Allez, OK. » Il m'a voulue, il m'aura. Mais lorsqu'il me réclame une capote, j'espère... Laisse planer un silence, pariant que mon mutisme, ajouté à tout ce qui a précédé, lui mettra la puce à l'oreille une fois pour toutes.

Il me demande la capote une seconde fois, fatalement.

Neurasthénique, je lui indique la chambre, il s'y dirige et je le suis. Contrainte ? Non. Mais pas consentante. J'acte la décision que je crois éclairée. Même si, au fond, je ne la prends que pour me permettre d'accéder plus rapidement à un sommeil sécurisant. Je devrais être émoustillée, heureuse, guillerette... La joie est absente. Mon désir : en finir au plus vite.

/

Dans mon lit...

Sur mes draps...

Patatras.

/

Je ne sais même plus comment on s'est dit au revoir, lorsqu'il est enfin parti. Un baiser ? La bise ? Je me souviens juste que je n'arrivais pas à le regarder dans les yeux, que la fatigue m'a immédiatement broyée. J'ai vite retiré mes lentilles, me suis réfugiée sous les couvertures en tremblant.

Dégoûtée.

Allongée dans le noir, les secondes passent et sans préavis, mon ventre se tord. De la salive acide s'échappe du dessous de ma langue, me remplit la gorge. Nausée. Mon corps, en s'opposant, semble s'opposer *à moi*. Je voudrais m'apaiser mais ne tiens pas. Je dois me relever, me dépêcher, même, jusqu'au bout du couloir, pousser sans hésiter la porte des toilettes pour me plier au-dessus de la lunette. Et là : gerber.

Tiens, tiens... Je vomis ? Cela ne m'arrive jamais.

C'est l'aspect de la soirée qui me paraît alors le plus lunaire.

38

Infectée

Quelques petites heures plus tard, réveil. 9 h 11. La lumière du jour, couleur grise, s'infiltre par mes paupières. Chaque cellule retrouve sa conscience propre, pour le meilleur et le pire : j'ai le crâne douloureux, les yeux gonflés, l'estomac retourné et, entre mes jambes, ça brûle : signe qu'une infection vaginale s'installe…

Excellent.

J'aimerais me rendormir, c'est impossible ; malgré les efforts que je déploie pour me cacher du jour. Chiffonnée, je geins. Me sens comme en mille morceaux. Défaite.

Qu'est-ce que j'ai bu hier soir…

Idiote !

Les souvenirs me reviennent, de Z à A, du plus récent au moins. Mon mental couvre d'un nuage opaque ce qui a eu lieu dans ma chambre, ici même. Ne veut garder que des contours pixélisés. Une image cryptée. Ce qui se cache de l'autre côté, je le devine : c'est nauséabond. Mon oreiller tout mouillé me fait remarquer que je me suis mise à pleurer.

« Quelle conne ! », je dis en reniflant.

Ma mémoire me bouscule et je procède donc à une autopsie. Voyons voir. J'ai couché avec mon pote :

action irréfléchie. L'ami de l'homme que j'aime : sabotage impulsif. Un homme pris : méchanceté gratuite. Sous le joug de l'alcool : sotte immaturité.

Conclusion : je suis une merde.

La honte m'enserre le cou. Fait naître des plaques rouges dans mon dos. À mon âge, des histoires pareilles ? Je ne me comprends pas. La soirée ne devait être que fête et bonne humeur, avait tout pour l'être ! Quel besoin ai-je eu de créer du drame ? De tout salir, gâcher ? Mes larmes se déversent. La honte, la honte, la honte.

Je m'effondre.

« Je n'en avais même pas envie ! » me dis-je tout haut.

C'est sur ce point que mes certitudes basculent. Pourquoi n'ai-je pas décliné, tout simplement ? À vingt-huit ans, Chloé. Quand même. T'as pas d'excuses. T'es grande, là. Autonome. Sur le point de devenir pro-pri-é-taire ! Un crédit sur vingt-cinq ans, t'assumes, mais pas de dire non à un mec ? Lamentable. Faut pas connaître la physique quantique, pourtant, pour dire « non ».

N-O-N !!!

Je peine à respirer, tant ma gorge est submergée. Dans cet état, où fatigue se mêle à culpabilité, et tristesse à autodéception, une évidence : j'aurais dû faire *mieux*. Me montrer plus claire, moins influençable, plus déterminée, moins alcoolisée…

Quelle immense et irrécupérable conne !

J'essaie de m'apaiser par la respiration. Me mets sur le dos, face au plafond. Des reliques refont surface une à une – images, bruits, paroles. Me voici prise d'un doute. C'est que je crois bien l'avoir haussé, mon bouclier verbal… Il me semble bien l'avoir exprimée, ma contradiction, l'avoir prononcé, ne serait-ce que furtivement, ce si petit *non*. Je sais sans le savoir qu'il est venu râper mes cordes vocales.

Mais, soit. Je ne l'ai pas repoussé, le gars. Je n'ai même pas réagi lorsqu'il me prenait la bouche. Lui, ne m'a pas mis un couteau sous la gorge, ni tabassée. Il est resté calme. Courtois, même. Se devait-il de deviner mes pensées profondes ?

Je n'arrive pas à adhérer tout à fait... Le doute creuse plus loin son sillon.

Il me semble, à présent, que j'aurais exprimé *plusieurs* refus...

Je décide d'aller les repêcher. Les additionne : Non + Non + T'as une copine + Arrête + J'ai pas envie.

Égal cinq. Cinq stops.

Y a eu ma main dans la culotte, aussi. Je m'en souviens maintenant. Je me suis carrément protégée *physiquement*.

Je peux admettre ne pas avoir été très claire – je n'ai pas hurlé, ne l'ai pas menacé. Mais ma main en guise de cache-sexe ne vaut-elle pas tous les refus du monde ?

Vertige... Flou abyssal.

Je me traîne jusqu'à mon salon – verre d'eau, aspirine, plaid – et me décide à passer des coups de fil. D'abord à ma meilleure amie, selon laquelle aucun doute n'est possible : ce qui est arrivé n'est pas OK. Face à elle, c'est moi qui me fais l'avocate du diable. Je me sens obligée d'énumérer ses circonstances atténuantes, à lui : « Ouais mais il m'embrassait et... je laissais faire... » Je m'attends à ce qu'elle s'accorde à mon discours et admette qu'on est bien en zone grise... Mais elle voit rouge : « Écoute-moi très attentivement, Chloé : tu aurais eu le droit de lui MANGER LES COUILLES si tu voulais, rien ne t'obligeait à coucher ensuite avec lui ! Non. C'est. Non. La *base*. » Seau d'eau glacée sur la tronche. À l'entendre, son raisonnement sonne juste. Elle développe : « Déjà, tu ne t'y attendais pas. Tu gérais la surprise. Malgré tout, t'as trouvé le moyen de lui expliquer CINQ FOIS, PUTAIN, que tu ne voulais pas, et il t'a tout bonnement ignorée ? Qu'il aille s'immoler. » Uppercut final.

Mon psy, qui prend mon appel téléphonique, a un discours semblable sur le fond (et plus soft, sur la forme). Il m'étonne à tomber d'accord avec mon amie. Le mec fait consensus : il a vraisemblablement dépassé les bornes. *Mes* bornes. Je commence très lentement à m'y faire. Le psy finit par me conseiller de sortir cet homme de ma vie. Et moi, innocente : « Quoi, ah bon ? » Sans hésiter, droit, il scelle sa réponse et me convainc par la plus simple des questions : « Eh bien oui, Chloé, ou sinon il faudra m'expliquer : qu'est-ce que c'est que cet *ami* ? »

Je n'y avais même pas songé, tiens. À la place que j'accorde, dans cette parenthèse, à la bienveillance mutuelle, à l'empathie qu'on se doit mutuellement. Ces valeurs pourtant fondamentales à mon cœur avaient été décimées par un archétype des plus puissants, et bien vivant dans mon inconscient : celui de l'homme en rut à qui on excuse tout.

Ma chance, à ce moment précis, est d'être aussi bien entourée. Il faut se souvenir d'un monde avant #MeToo, où l'on ne prononçait le mot « consentement » que dans le cadre d'interventions médicalisées, et encore. Que mon entourage soit éduqué, ne me reproche pas d'avoir été une provocatrice ou une preneuse de risque qui « l'a bien cherché » est un véritable petit miracle. Je n'ai à convaincre personne : mes anges gardiens ne me laissent rien minimiser. Ce soutien me permet de franchir les barrières posées par mon propre mental et de lutter contre ma confusion.

Je raccroche le téléphone. La tête me tourne. Ma vulve incendiée se bat contre l'infection qui l'attaque. Décidément ! Je peux me raconter tous les bobards du monde, mon corps, lui, exprimera toujours la vérité. La violence qu'il a subie.

Et *lui* – mon corps – n'est-il autre que moi ?

S'il rit, *je* ris.

S'il pleure, *je* pleure.

En transgressant *ses* frontières, c'est *moi* que le bourreau a heurté.

Et si mon corps s'exprime dans sa langue, je peux le faire dans la mienne. Car mon psy dit vrai : je ne vais quand même pas, je ne sais pas, continuer à boire des cafés avec ce gars, comme si rien ne s'était jamais passé... Ni même le laisser croire que, dans ces minutes macabres, je prenais mon pied... Je *dois* lui dire, l'affronter. Remettre le monde à l'endroit. Peu m'importe ce qu'il se raconte. Je veux qu'il entende *ma* vérité.

J'aurais dû obtenir le dernier mot. Je l'aurai.

De l'épicentre de mon cœur naît une secousse qui parcourt mes tissus.

Il s'en va lundi, pour trois semaines. Il me faut le convoquer avant. Demain, donc.

Ma respiration se met à bégayer.

Ce qui s'est passé n'est pas ma faute, certes, mais c'est mon problème. À moi d'écrire la fin de l'histoire. D'avoir ce courage, par loyauté envers moi. Par amour.

D'ailleurs, dans le mot *courage,* il y a « cœur ».

Et il y a « rage ».

Allez.

Je saisis mon portable, « Nouveau Message. » Respire, Chloé. Ce n'est qu'un texto. Ce ne sont que des mots. Des consonnes, des voyelles : ah... oh... Respire, respire.

« Slt, j'aurais besoin de te parler. On peut se croiser avant ton départ ? »

Pause. Mes respirations saccadées font de la buée sur l'écran de mon téléphone. Mes doigts tremblent. Bras en coton.

J'appuie consciencieusement sur la flèche bleue.

Message envoyé...

Distribué...

Il est trop tard pour reculer.

Lu.

39

À contre-courant

Nous avons rendez-vous devant un café le lendemain matin, un dimanche. Le soleil illumine Paris en cette fin mars et je suis arrivée en avance. Entourée de citadins qui brunchent, le rire aux lèvres, en sirotant des cafés crèmes, je l'attends.

Attentive. Et apeurée.

Mais ma crainte n'est pas liée à un potentiel danger physique. Je n'imagine pas que celui que je convoque va m'attaquer, là, en pleine rue ! C'est plus insidieux que ça. Je tremble parce que je m'apprête à briser un pacte tacite, tenu depuis mon plus jeune âge envers chaque homme. Celui de les *protéger*.

Un vœu pris très tôt, à mon insu, par la petite fille que j'ai été. C'est envers elle que je suis si loyale. En réalité, 95 % de mes mauvais choix avec les hommes viennent de ce sens spécifique du devoir dont je ne sais pas exactement d'où il me vient, parce qu'il ne vient véritablement de nulle part. Nous baignons dedans.

Sans ce besoin bien installé de protéger les mecs, comment expliquer que des nanas modernes, belles, brillantes, continuent à simuler des orgasmes alors qu'elles n'ont rien à y gagner ? Rompent en s'excusant d'un « c'est pas toi, c'est moi » alors que se séparer est un choix intentionnel et libérateur ? Tolèrent d'être reluquées ou manquées de respect dans des contextes professionnels ?

Eh bien parce que, plus fort encore que la satisfaction d'un orgasme, d'une insouciance conquise, d'une tranquillité de corps et d'esprit, menace pour certaines d'entre nous le risque d'une douleur encore plus immense : celle de se sentir coupable d'abandonner les hommes à leur sort. De se glisser, ainsi que je m'apprête à le faire, entre eux et l'image de super-héros qu'ils se font d'eux-mêmes, à laquelle ils sont secrètement accros. Aucune de nous n'est véritablement préparée à incarner cette méchante messagère – ou plutôt, cette mauvaise mère.

Lorsque la société s'obstine à associer l'image de la femme à celle d'une maman innée, elle a peut-être cet unique objectif : que nous, les femmes, ne cessions d'entendre nos propres cœurs se briser lorsqu'un garçon, quel que soit son âge, est en difficulté. Ainsi, ôter à l'homme son enceinte protectrice me prive d'une fonction qui, en plus d'être déterminante dans ma construction, est valorisée. Si j'en crois l'histoire de mes parents, je lui dois même ma vie ! C'est dire comme ces réflexes vont nous chercher loin…

Alors je ne sais pas comment je vais y arriver, mais je vais y arriver. Il le faut. Et si le flot continu d'adrénaline qui noie mon organisme à l'instant présent semble s'opposer à ma démarche, je persiste à croire que, au contraire, il la soutiendra.

Sur cette pensée, je l'aperçois.

L'homme de la nuit.

Il avance vers moi pour la dernière fois.

40

Courageuse

Nous nous mettons immédiatement en route vers le parc, non loin, procédant à un échange tendu, brodé de banalités.

Je ne suis pas certaine qu'il anticipe ce que je m'apprête à lui exprimer. J'ai l'intime conviction qu'il ignore la façon dont j'ai vécu les dernières vingt-quatre heures. Je le devine persuadé que nous nous sommes tous les deux laissés dépasser par l'instant, que sa plus grande erreur, au fond, serait l'infidélité à sa compagne. Pire : je pressens qu'il s'imagine que je vais lui déclarer ma flamme. Le supplier de me choisir. Bref, je le suppose à mille lieues de ma réalité.

Il fait si beau. Dans le parc, les enfants jouent, courent après des ballons, rient. Nous choisissons le premier banc de libre, et je me mets à trembler plus fort : je ne vais bientôt plus pouvoir tourner autour du pot. J'entends trop ma respiration et ma langue, à la frontière de ma gorge, me paraît géante, implore de ne pas participer. Entre mes cuisses, l'infection explose, me démange comme si on y avait vidé une bombe entière de pesticides. L'antipoux du corps.

Aussitôt sommes-nous assis qu'il interrompt les blablas et, voulant en finir au plus vite, se tourne vers moi, embarrassé : « Bon... Tu voulais me dire quelque chose ? »

Ma poitrine comme une marée, monte et se retire. Il faut plonger.

Vers le vide.

Vers la vérité.

Un temps, deux temps et j'ose mon saut. « Voilà, lui dis-je. Voilà ce que je vis. Depuis deux jours, je pleure sans arrêt. Depuis deux jours, je suis mal. En colère et au désespoir. Léthargique. Je n'arrive à rien. Je revis la scène, ce qui s'est passé dans mon salon avec toi, vendredi, puis dans ma chambre – tu sais que j'ai vomi, quand tu es parti ? Je suis perturbée... choquée... perplexe. Je nage avec difficulté dans des eaux terriblement troubles, et j'ai mis du temps à en prendre véritablement conscience mais, voilà : je ne t'ai pas dit que je voulais faire l'amour avec toi. En fait, si tu t'en souviens bien, j'ai évoqué le contraire, à plusieurs reprises, me suis opposée, ai exprimé que je ne le souhaitais pas. "Non", j'ai dit. Mais ça a quand même eu lieu. Tu as quand même accédé à mon corps. Bien sûr, c'est moi qui t'ai suivi, je sais bien, mais toi, tu ne t'es pas posé la moindre question ? Tu prétends être mon ami, et je me sens complètement trahie. Ignorée. J'ai honte. Comment ça a pu t'échapper ? Que je n'étais pas au rendez-vous. »

Son visage en alerte – yeux écarquillés et regard noir d'angoisse – confirme que j'avais vu juste : je suis en train de lui apprendre un sordide fait divers, un truc lointain, qui n'est pas censé le concerner. Là où, pour lui, il y a eu ébat, pour moi il y a débat. En panique, il se défend. « Ce sont de graves accusations, que tu fais ! balance-t-il, je ne peux pas te laisser dire ça. »

Je n'ai jamais été douée pour les conflits d'idées. Le plus souvent, les bons arguments m'échappent dans l'instant fatidique, tandis que l'intelligence et la sincérité de mes interlocuteurs arrondissent tous mes angles. J'adopte facilement le point de vue des autres. La preuve : là, je le crois sincère dans son incompréhension. Il se *considère* réellement irréprochable, vis-à-vis de moi. Sauf que pour une fois, je m'interdis de franchir la ligne de démarcation qui nous oppose, préférant m'accrocher aux faits, solides comme du plomb : ils me serviront de munitions. Ne pourront laisser aucune place au flou.

Il s'explique : « En fait, comme t'as très vite évoqué ma copine, je me suis dit que c'était vis-à-vis d'elle que tu voulais qu'on arrête. Mais comme, moi, je prenais la responsabilité de mes actes, j'en ai conclu que ça éliminait d'office le problème. »

Je déborde d'adrénaline… heureusement. Cette dernière décuple mes sens, aiguise mes capacités, y compris cognitives. Mon corps à la rescousse. Celui qu'avant-hier encore je trahissais, se mobilise inlassablement pour moi. Je trouve miraculeusement la force de renvoyer ses arguments dans un trou noir.

« OK. Mais je t'ai dit "non" malgré tout. J'ai demandé d'arrêter.

– Bah, pour moi c'était évident qu'on en avait envie tous les deux.

– Ah bon ?

– Ouais. Y avait une tension, de l'électricité entre nous, depuis toutes ces semaines et donc…

– Attends, attends. Je passe mon temps à te parler de mon ex. Toi, sur le canapé, deux minutes avant de me sauter dessus, tu me parlais littéralement d'emménager avec ta copine. Qu'est-ce que tu racontes ?

– Écoute, chais pas, c'était évident, selon moi, qu'on s'empêchait de passer à l'acte mais qu'on le désirait tous les deux...

– Bah, ce n'était pas mon cas. Mais tu sais quoi ? Admettons. J'ai quand même dit *non*. 'Fin... Même si j'avais eu un immense crush sur toi, j'ai bien le droit de refuser de m'envoyer en l'air ! Pourquoi tu décides à ma place ? »

Il se tait. S'immobilise. Encouragée, je poursuis : « Tu ne peux pas le nier... J'ai camouflé mon sexe de ma main, t'ai barré le chemin. Pour quelle raison, à ton avis ? Il te fallait quoi de plus ? Un coup de pied dans les boules ? »

Ses yeux inquiets font des allers-retours de gauche à droite. J'assiste à l'impensable : son disque dur commence à s'enrayer. Mais avant d'abdiquer, dans un dernier sursaut, il tente : « Ça arrive tout le temps de dire *non* quand on veut dire *oui*. Pour jouer, pour... mettre du piment. T'avais l'air d'apprécier. Je pensais pas qu'il fallait le prendre au pied de la lettre.

– D'accord mais, cinq fois... *Cinq* ! T'es maqué, tu me sautes dessus sans préavis, y a peut-être suffisamment de piment, là, si c'est ça que je recherche, non ? Puis, encore une fois : je ne dis pas que ça ne s'est jamais vu. Je dis que *ton* devoir – en tant qu'ami, en tant qu'homme ! – aurait été d'être à l'écoute. De *vérifier*. De ne laisser aucune place au doute. Je t'ai donné cinq fois l'opportunité de t'arrêter, de poser ne serait-ce qu'une question, genre, “c'est bon, t'es sûre ? tu dis non pour plaisanter ?” Franchement... J'avais bu, en plus !

– Ouais, moi aussi j'avais bu ! J'étais crevé, j'avais à peine mangé de la journée... »

Je sens un grondement prospérer en moi, stable et serein comme un rouleau sous-marin prêt à accoucher de la plus puissante des vagues :

« Non. *Pas de ça.* Tu m'as demandé une capote, rappelle-toi. À *deux* reprises. Tu avais toute ta lucidité, quand il s'est agi de défendre les intérêts de ton propre corps. Ce qui comptait à *tes* yeux. Alors non, j'achète pas. Tu te mens à toi-même, là ! Il y a des choses dont tu as tenu compte et d'autres que tu as ignorées. *Par choix*. Ce sont bien de tes choix, dont on parle. Pas d'un accident, ni d'une fausse manœuvre, ni d'une quelconque impuissance face à l'alcool ou de sentiments ambigus. Mais de décisions irrévocables, que tu as prises une à une, pour que la réalité colle à ton fantasme. »

Silence de cathédrale.

Entre lui et moi, temps de prière. Je tremble tout entière.

Tandis qu'il se décompose.

Son système de croyance perd pied : « Putain... » Va-t-il s'énerver contre moi, se défendre encore ? Quitter les lieux ? J'attends, solide. Ne fuis pas ces secondes. Attends que de lui-même il déchire le mur invisible : « T'as raison. »

J'hallucine ? Je m'attends à un « mais... » qui étonnamment ne vient pas. Il continue, comme s'il émergeait d'un long sommeil : « Merde... C'est vrai. J'ai fait ça, j'ai franchi ton refus. Je sais pas pourquoi... Putain, Chloé... », il se frotte la tête dans les mains, visiblement heurté, se tourne alors vers moi, attend que je le regarde et me fixe.

Me regardant droit dans les yeux, il dit : « Je suis vraiment désolé. »

Aucun de mes soupirs ne s'échappera devant lui. En revanche, mes épaules s'abaissent d'un coup. Allégées. Ma cage thoracique semble s'agrandir.

J'avais sans le savoir cessé de respirer.

C'est moi qui, ici même, mets le point final à cette histoire. Cela me console. Peut-être que ce n'est que ça, au fond, le développement personnel : l'action de clore, à *sa* façon, des parenthèses ouvertes sans notre permission. Même par un geste minuscule… Après tout, planter une graine c'est démontrer plus de puissance qu'abattre un arbre géant.

Entre les mains, je tiens les rênes.

Je *me* tiens.

Me veille dessus.

Lorsque je le libère enfin, mon soupir retenu déploie ses ailes dans le printemps, et emporte avec lui, de façon légère et tonitruante, le poison qui commençait à me ronger.

L'homme assis à côté de moi semble tout de même étonné lorsque je précise que notre amitié s'arrête ici. Mon dernier point à clarifier. Cette conséquence le fait tomber de son arbre. Je lui explique, en bonne pédagogue : « Sans confiance, tu sais, je trouve difficile d'envisager une authentique amitié… »

Il hoche la tête. Absorbe la nouvelle.

Nous macérons quelques instants dans les bruits joyeux du parc.

Subitement, je le sens : le temps est venu de baisser le rideau. Je vérifie en moi-même d'avoir bien tout exprimé, puis je saisis mon sac, me lève et le salue. Il proteste encore, n'en revient pas. M'assure que l'amitié est une valeur qu'il place au-dessus de toutes les autres. Et bien que j'en doute fortement, ce n'est même plus le problème. Le souci vient du fait que moi, je ne perçois plus l'amitié comme une valeur suprême : plus haut encore sur l'échelle de mes priorités, je chéris ma plus profonde sérénité. Je sais qu'elle ne peut naître que de ma cohérence.

Les monstres, je ne leur ouvre pas la porte de chez moi.

En cherchant la sortie du parc, désormais seule, mon dos se détend, mes pas s'amplifient, mon cœur s'apaise et, entre mes cuisses : toute brûlure a cessé.

S'est éteinte.

L'infection, par elle-même, s'est résorbée !

Enfin, pas tout à fait par elle-même…

Puisque je viens de nous mettre en sécurité.

41

Stratège

C'est donc dans un même mouvement contradictoire – me protéger des hommes tout en les protégeant – que je me dédouble, que mes fissures se creusent. L'autre nuit, deux injonctions censées s'entre-tuer ont tenté de coexister. Pas des moindres : *Protège-toi de lui* et *Protège-le de toi*. Plus lourde encore qu'une charge mentale ! Une charge *paradoxale*.

Cette dernière s'applique aussi à d'autres types de relations. C'est bien elle, par exemple, qui a obstrué mon deuil après ma fausse couche, où mon besoin d'autopréservation semblait froisser la société alentour. Alors, tout en désirant légitimement me protéger de la violence silencieuse de ma communauté, je culpabilisais de la priver de ma contribution active. En prise au désarroi, je me protégeais d'une société qui ne faisait pas de place à la tristesse, tout en veillant – seule et à sens unique ! – à protéger cette même société du désarroi que je subissais.

Intenable.

Mais, bref.

J'ai décidé de ne pas porter plainte, pour des raisons qui, au crépuscule d'une ère ancienne, me semblent évidentes. Aller dans un commissariat, tenter d'expliquer ce qui ne s'explique pas, m'apparaît comme un gâchis d'énergie, voire, une porte ouverte à de l'humiliation gratuite par une bande organisée. Accuser, auprès de gendarmes, celui que j'ai moi-même laissé entrer chez moi, alcoolisée, à une heure tardive, à qui j'ai indiqué sans aucun couteau sous la gorge l'endroit où dormaient mes préservatifs... Je conçois que les éléments objectifs de l'enquête ne jouent pas en faveur d'une plainte.

Comment justifier les échos qui se sont fondus en moi et m'ont confondue, aux heures sombres de la nuit ? Il me faudrait démontrer, dans cette déposition, que nous n'étions pas véritablement seuls, lui et moi. Mais portés, et l'un et l'autre, par des millions d'invisibles. Par la société tout entière. C'est sa voix à elle, familière et réconfortante, qui a fini par trahir le sens de mes mots aux oreilles de l'homme excité, et par me faire remettre en question ma propre envie. C'est elle qui lui a donné l'autorisation d'insister, tout en m'encourageant à céder. Les stéréotypes qui se relaient avec constance depuis l'aube de mon existence ont tracé leur sillon vers ce point de rencontre asymétrique sur lequel nous nous sommes trouvés tous les deux, une nuit ordinaire dans un lieu commun. Comment décrire cela ?

Comme neuf femmes sur dix en France, je connaissais mon agresseur. Un personnage sympathique, j'ose le dire, voire charmant. Un peu poète. Il exprimait de jolies choses, comme le tendre plaisir qu'il avait à se balader dans Paris les yeux rivés au ciel, pour admirer la beauté architecturale des hauts d'immeubles haussmanniens. Il passait du temps dans les musées. Était spirituel et pratiquant. Repu de qualités comme la générosité ou la bienveillance, qui le placent à coup sûr dans le camp des Gentils.

Il serait donc temps d'admettre que les deux ne sont pas incompatibles, agresser une femme et plaider pour la paix dans le monde, et cesser de vouloir les séparer à tout prix, les Méchants et les Autres. Il s'agit d'autre chose ici, qui en apparence n'a pas grand-chose à voir avec de la violence. Une autorisation qui est donnée à certains de franchir les limites, de déborder, de conquérir, et la contrainte, imposée à d'autres, de faire avec, de s'adapter et de se taire. Tant que nous chercherons les violeurs parmi les Violents, nous ne saurons pas les reconnaître. Nous ne pourrons pas dire : « Mon frère, mon cousin, mon pote a été capable de ça. » Nous ne pourrons pas dire : « *Je* suis capable de ça. » Sans cette lucidité, comment y mettre fin ? Nous n'en sortirons pas.

En l'occurrence, cet aveu volontaire est la seule réparation que j'aurais espérée. Je n'ai pas besoin d'un juge pour savoir que ce n'est pas la prison, qu'il mérite. Une amende ? Bof satisfaisant. À mes yeux, la victoire, la vraie, celle qui répare tout en servant la communauté, et qui permet au coupable une profonde transformation, consisterait à ce que lui, ose en parler à tous ses potes, pour que je n'aie pas besoin d'oser en parler dans ce livre. Qu'il ouvre cette discussion difficile, qu'il prenne le risque de se sentir tomber de quatre étages comme ce fut mon cas lorsque je l'ai convoqué, et qu'il reprenne cette charge à son compte. Que cette parole-*là*, se libère. Qu'il prévienne les siens et leur donne des clefs, « Faites gaffe, je n'avais pas anticipé cette tournure, j'aurais pu m'arrêter à temps, là ou là, ou encore à ce moment-là, quelque chose m'a vraiment échappé, soyez attentifs et méfiez-vous de vous-même. » De la même façon que depuis des générations on se refile les bons tuyaux pour ne pas nuire, ni à soi ni aux autres. La poignée de la casserole d'eau bouillante, la placer à l'horizontale. La pointe des ciseaux que l'on tend, tournée vers soi, toujours. Admettre l'erreur passée, la partager, puis progresser. Quoi de plus naturel ?

Mais, je m'égare.

À ce moment précis de mon histoire, ayant obtenu des excuses volontaires de sa part, je veux juste tourner la page. Finir mes cartons, arriver au bout de ma paperasse, déménager.

Mais il ne me reste que quinze jours et je suis amorphe.

J'appelle à l'aide. Ma meilleure amie vient chez moi, liste ce qui me reste à accomplir : appeler EDF pour couper l'électricité, transférer ma ligne Internet, réserver des déménageurs, mettre une annonce sur le Bon Coin pour l'électroménager que je revends. Des petits riens qui me semblent infranchissables, et que je procrastine. Quand je lui dis, avec mon ton d'adolescente lassée de tout, « naaan, ça, on le fera après » elle me demande, avec un air faussement curieux, de lui expliquer quelle bonne raison justifierait de remettre l'action à plus tard, et comme il n'y a jamais aucune, je dois m'y coller. Finalement, tous ces actes administratifs que je veux mettre à distance ne représentent pas la mer à boire. J'élimine les tares les unes après les autres… C'est étrangement satisfaisant.

Pendant des semaines, je marcherai dans la rue comme dans du coton, la tête lourde, dans un état de choc prolongé. Me perdrai régulièrement dans des quartiers que je connais par cœur. Frôlerai l'accident à plusieurs reprises, parce que j'aurai traversé la rue au mauvais moment. Hors monde. Je me réveillerai en larmes, dans mon appartement flambant neuf. En viendrai à me dire : « Si je n'avais pas acheté, je n'en serais pas là. »

Ah, tiens !

La revoilà, la voix de mon conditionnement, qui se déplie comme un filet de survie, au moment où je suis la plus fragile : « Si tu n'avais pas voulu mieux... si tu étais restée à ta place... si tu n'avais pas fait de ton ascension sociale une fête... tu irais bien mieux ! »

La faute à mon ambition, quoi.

Voire, à ma *trahison*. Celle envers mes lignées familiales, envers le rang social que nous brandissons comme une chevalière depuis des siècles, qui dit notre vertu. Envers cette force ouvrière que, désormais, je n'incarne plus. Après tout ce qu'ils ont sacrifié pour nous ? Quelle ingrate je fais !

Pas étonnant que ma vitalité soit la première à foutre le camp. Mon essence.

Je la recouvrerai néanmoins, cette énergie essentielle, au prix de quelques séances de neurofeedback. Une forme de thérapie destinée aux personnes souffrant de PTSD[1], et qui aiderait, paraît-il, le cerveau à se régénérer. Au bout de quatre séances, je *me* retrouve. Mon enthousiasme, mon cœur battant, ma joie de vivre.

Et mon sens de l'orientation.

Je n'ai rien oublié de ce qui est arrivé, mais la blessure ne loge plus à l'intérieur de moi. Par la parole, j'ai mis fin à son processus de putréfaction.

---

1. *Post-Traumatic Stress Disorder* (troubles du stress post-traumatique).

42
Attentive

Quelques mois plus tard, je suis invitée chez des amis d'amis. Ils sont italiens, et nous sommes le jour de la Befana : la version ritale de L'Épiphanie. Traditionnellement, à cette occasion, les enfants reçoivent des cadeaux. Et justement, la famille dans laquelle je suis invitée comprend deux enfants : un garçon de trois ans et une fille d'un an et demi.

Aussitôt arrivée que je lève les yeux au ciel car, voilà, nous sommes en 2018 et, malgré tous nos progrès, le petit garçon a reçu un magnifique circuit de train en bois, tandis que la fillette, à même pas deux ans, a reçu une cuisinière tout équipée avec le pack intégral des accessoires de la parfaite ménagère, de la mini poêle en Teflon à l'épluche-légumes, en passant par le service de vaisselle et des casseroles de toutes les tailles. Le tout, en rose.

Pas rose bonbon. Rose charge mentale.

Mais bon, c'est la première fois que je rencontre ces gens, qui suis-je donc pour imposer mon avis ? J'éprouverai plus de plaisir à m'empiffrer de leur galette des rois.

En plus, il se trouve que la petite est absolument fascinée par le petit train et que le garçon, lui, s'éclate à cuisiner. Il fait bouillir des bananes, qu'il mélange à un morceau de camembert, glace le tout au jus d'orange, et nous, les adultes, nous nous extasions devant sa gastronomie dix-huit étoiles : « Mmmm ! Comme ça a l'air booooon ! Bravo, bravo ! »

Tout va bien dans un monde idyllique jusqu'à ce que, soudain, le petit garçon change d'humeur. Il veut jouer avec le train et, comme je le comprends ! Quelle merveille, ce circuit ! Le train possède au moins six wagons – en plus de sa locomotive ! – qu'on peut accrocher les uns aux autres, et les rails forment de grandes boucles qui mènent à une petite gare juste adorable, avec un toit, des fenêtres, et des voyageurs peints sur la façade. Waouh !

Le garçonnet s'approche donc du circuit où joue sa sœur allègrement. S'assoit à côté d'elle et tente d'abord de lui prendre la locomotive des mains. Visiblement, il n'a pas envie de le partager. Et ça aussi, je peux l'entendre ! Après tout, c'est *son* train. Il m'arrive, à moi, d'être parfaitement outrée que quelqu'un soit déjà assis à une place que je convoitais, alors mes affaires, utilisées sans mon accord ? Je n'ose l'imaginer !

L'enfant, pas bête, use des armes de destruction massive dont il dispose : il se met à gémir, mais la bébé l'ignore. Puis il tente de lui arracher des mains, mais elle tient la locomotive de toute sa poigne. Finalement, il se laisse aller à des pleurs étendus, une variation sur le thème de la sirène des premiers mercredis du mois. J'admire son audace. Moi, même pour défendre mes plus profondes convictions, je n'oserais faire un tel boucan. Chapeau !

Mais ce qui se passe ensuite me laisse songeuse.

Tout arrive très vite. Devant les pleurs de son fils, le père se lève, s'empare de la locomotive et la pose à terre, saisit sa fille à deux bras, la dépose à l'autre bout de la pièce, devant la cuisinière – *son* cadeau à elle, *sa* place. Le petit garçon agrippe le jouet en bois. Cohérent, il sèche ses larmes sans tarder et, content, fait des vroum et des tchoutchou. Tout ordre est rétabli. Le père revient donc autour de la table, amplement satisfait. Il a réussi à éviter un drame, il le sait, alors même s'il ne trouve pas la fève, aucun doute : il est le king !

Et moi, perplexe devant ce spectacle, je me dis que Courbet se trompait : l'origine du monde, c'est ce qui vient juste de se produire.

Un garçon qui n'obtient pas ce qu'il désire extériorise farouchement son désaccord et on le satisfait. Une petite fille exprime elle aussi son désaccord et on lui impose de modifier sa trajectoire au nom du bien commun. D'incarner la *people-pleaser* par excellence. À lui, qui est pourtant plus grand, on ne propose aucune clef avisée pour lui apprendre à gérer cette frustration légitime, on ne le pousse pas à la réflexion, à l'empathie, ni à l'apaisement. Le pouvoir conféré au garçonnet vient du déversement chaotique de sa frustration. Tandis qu'à la petite fille, on propose un pouvoir autre : celui de tous nous délivrer des pleurs insupportables de son frère, en modifiant, dans l'instant, son propre désir. En le troquant, même. Contre le *nôtre*.

Tiens, voilà qui me rappelle quelque chose...

Mais il n'y a pas que la petite qui y perdra, à terme.

Dans cette saynète somme toute banale, nul n'ose se frotter aux émotions du futur homme – on ne les reconnaît pas, on les supprime. Même les adultes protecteurs se dépêchent de les contourner. Seraitelle si ingérable, son insatisfaction, si dangereuse ?

N'existe-t-il aucun autre recours sinon l'assouvissement immédiat ? Cette idée aussi, me semble terrifiante.

Ce ne serait pas si dramatique si nous n'avions cultivé, dans notre société, d'un côté des hommes qui s'empêchent de ressentir ou d'exprimer ce qui les entrave ; et de l'autre, des hommes violents. En étant témoin de ce moment, je perçois notre faille à tous. Encore quelques efforts et dans plusieurs années, ce même garçon, dont on pourrait facilement déplorer qu'il soit favorisé ou dorloté par rapport à sa sœur, aura intégré que ni lui ni ses parents, et encore moins le reste du monde, ne font le poids face à ses houles émotionnelles. Son réflexe sera, ou bien de les réprimer, ou bien de les subir à son tour. À la demande générale et tacite, il inhibera ses états d'âme jusqu'à l'implosion, ou peut-être même, jusqu'à l'explosion.

C'est ainsi, et de mille autres façons semblables, que, sans le vouloir mais sans y résister non plus, nous balisons le chemin qui mène les femmes à l'hyper-adaptation et les hommes à la violence.

Y compris celle du silence.

43

Actualisée

Les silences de l'enfance sont souvent remplacés par des histoires que l'enfant se raconte à lui-même. Lors d'un déjeuner avec une amie, je prends conscience de l'une d'entre elles, qui me bloque les circuits neuronaux depuis mes huit ans.

Cette amie me raconte les soucis qu'elle rencontre avec son ex-conjoint ; ils ont un enfant ensemble et sont en train de négocier sa garde.

Elle se bat comme une louve pour que le papa accepte de garder l'enfant la moitié du temps. Lui, préférerait s'en occuper un week-end sur deux et la moitié des vacances. Mon amie pleure pour son fils, qui a besoin de son père ; elle pense à ce père qui montre les crocs pour le privilège d'un minimum syndical. Elle se sent impuissante. Je l'écoute d'une oreille attentive.

Mes parents se sont séparés quand j'avais huit ans. Je retrouve, dans la fragilité de mon amie, celle qui jadis transpirait des paroles de ma mère. Elle aussi, déplorait les négociations qui prenaient place avec mon père et la laissaient fébrile.

Mes parents étaient tombés d'accord, à l'amiable, sur une garde alternée à 50-50. Du dimanche au mercredi, nous irions chez papa ; du mercredi soir au samedi, nous serions chez maman ; pour les samedis soir, on alternait d'une semaine à l'autre, afin que chacun de mes parents puisse savourer leurs week-ends à égalité.

Je haïssais cet arrangement.

Les autres enfants de divorcés que je connaissais ne voyaient généralement leur père qu'un week-end sur deux, ce qui me paraissait, à moi, amplement suffisant.

Ce n'est pas que je n'aimais pas mon père. Mais l'idée de rester seule avec lui pendant des jours entiers m'intimidait. Ça n'était jamais arrivé. Je me sentais beaucoup plus proche de ma maman. Elle se montrait moins stricte, ne haussait pas la voix, préparait de meilleurs repas. Dans leur séparation, elle m'apparaissait comme une victime et lui, le coupable. L'affaire était toute vue.

« Ma chérie, moi aussi je veux rester avec toi, mais ton père ne veut rien entendre ! Dis-lui toi-même ce que tu désires. »

Très drôle.

Je n'ai rien dit à mon père, évidemment. Me suis résignée à mon destin, et ces allers-retours deux fois par semaine avec, sur le dos, un sac plein de manuels scolaires et de vêtements propres, ont pris place – sans trop de difficulté, je dois avouer – pendant une dizaine d'années.

Intérieurement, je criais malgré tout à l'injustice et déplorais secrètement de me sentir si incomprise. *Moi, quand je serai parent, j'écouterai mes enfants !* insistai-je. Je ne voulais pas faire subir à ma progéniture ce qui m'était apparu comme un égoïsme décomplexé, de la part de mes géniteurs. Moi, je ferais *mieux*. Moi, j'aurais du *cœur*. Je prêtai alors serment d'incarner, adulte, la douceur qui semblait manquer à mon père, et l'autorité qui, à l'évidence, faisait défaut à ma mère.

En grandissant, je n'ai jamais brisé ce serment. Même en gagnant de la maturité, ce souvenir ne cessait de provoquer dans ma bouche une coulée pénible à ravaler, me faisait tenir davantage cette position.

Mais le tourment que partage aujourd'hui mon amie me touche. J'y songe sur le chemin de la maison. J'y songe encore le soir devant mon assiette. Au milieu de la nuit, allongée, les yeux grands ouverts dans le noir j'y songe toujours, et lorsque j'aperçois la lune par la fenêtre, je lui demande, « Qu'est-ce que t'en penses, toi, de tout ça ? » Et la lune ne répond rien.

Je suis attachée au garçon de mon amie. La perspective qu'elle me présente fait plonger mon cœur en apnée plus bas que mon nombril. Grâce à cette empathie nouvelle, je sens une minuscule clef de cuivre faire un quart de tour à l'intérieur de moi. Une serrure profondément enterrée, se déverrouille délicatement.

« Mon père..., me dis-je le lendemain, *voulait* me voir ! »

Les certitudes sur lesquelles repose en partie mon monde se mettent à faiblir dans mon esprit et je vois défiler une liste de vérités tues jusqu'alors.

Que j'avais besoin de mon père, même si je croyais que non.

Qu'il voulait de notre présence, même si j'aurais volontiers renoncé à la sienne.

Qu'en se positionnant contre notre volonté qui me laissait croire à un manque d'amour, mon père au contraire nous prouvait comme le sien était inconditionnel. Nous n'étions pas obligés de l'aimer : lui, nous aimerait quand même.

De quoi aurais-je eu besoin, alors ? Que ceux qui tenaient la barre, mes parents, puissent, en somme, me dire : « Il y a une grosse tempête. Tu as le droit d'avoir peur mais nous n'avons pas peur, nous savons où nous allons. Tu as besoin de tes deux parents, et tes deux parents veulent t'entourer, te soutenir et te voir grandir. » Je me liquéfie sur place. Surtout, lorsque je songe aux erreurs irrationnelles que j'ai failli commettre, sans le savoir, au nom de cette petite fille de 8 ans que j'ai été.

Moi parent, j'aurais sans doute obéi à mon serment enfantin. En cas de séparation avec mon conjoint, j'aurais écouté mes enfants et (m'imaginant qu'ils voudraient demeurer près de moi, ce qui est assez pratique) me serais battu pour les exaucer. Ou plutôt, pour exaucer une petite fille perdue qui vivait tapie dans mes tréfonds, que je n'avais pas réussi à rassurer.

Cette prise de conscience me sidère, me choque.

La folle ténacité de nos autotromperies se manifeste à moi. Je perçois comment, prétendant agir pour le bien de mes enfants, je les aurais sans doute fragilisés. Comment, pensant leur prêter une oreille attentive, j'aurais œuvré à me venger de mes propres parents. Comment ma blessure, loin de trouver sa résolution, se serait dédoublée car je la leur aurais léguée. Le comportement de mes parents m'avait semblé tristement centré sur eux, et je m'apprêtais, à l'insu de mon bon sens, à tragiquement centrer mon comportement sur moi.

Itinéraire d'un schéma familial qui se répète, lorsque nous croyons fonctionner depuis nos cicatrices mais opérons depuis nos hémorragies.

44

Entêtée

J'ai retrouvé une vie sentimentale et recherche activement l'homme de ma vie. « Il coche toutes les cases ! » sont les mots exacts que j'envoie discrètement dans un texto pendant que le mec que je viens de rencontrer s'éclipse aux toilettes. Et c'est vrai. Il les coche. Toutes.

Il a presque le même âge que moi, check, il est beau, check, célibataire, check, veut des enfants, check, fait un métier passion, check, vit tout seul comme un grand, check, nos conversations me stimulent, sa famille semble normale, sa vie stable, on rigole bien, check, check, check. Après vingt-cinq minutes passées ensemble, je suis prête à lui offrir ma main, voire : à forcer la sienne.

On fait la fermeture, et je l'invite chez moi pour un dernier verre. Je suis aux anges, je plane. Pour sceller cette affaire, je n'attends que le tendre baiser de mon futur époux.

Le voilà qui plonge vers moi, bingo ! Tout doucement il s'approche, ses lèvres viennent caresser les miennes dans un moment historique, nous voici réunis par la vie, et par la langue, gloire à nous ! M. et Mme Coche-Les-Cases – qu'est-ce que ça sonne bien en plus ! Nous sommes à coup sûr au début d'une magnifique odyssée.

Quand, soudain ! Immense, gigantesque problème.

Mon corps me fait l'affront de me couper dans mon élan.

Voilà la scène : le mec est assis sur le canapé tandis que je suis sur lui à califourchon, tout habillée. Lorsque, avec une précision de langage que je ne connaissais pas à mon organisme, je sens ce dernier se refermer, se barricader, de bas en haut comme une fermeture Éclair, ziiiip ! Physiquement, dans mon abdomen, je ressens ce blindage. Mon corps se verrouille, se rétracte et m'envoie le plus transparent des messages. Il me dit non. Pas ce gars. Il a beau cocher les cases, il est recalé à l'examen. Le délire…

Ou plutôt : le CULOT !

Vrai que depuis quelques mois je m'entraîne à lui laisser la parole, à ce corps. À l'écouter. À lui prêter ma confiance, toussa toussa. Mais pas pour qu'il vienne mettre son grain de sel là où ça ne m'arrange pas !

Comparution immédiate : je crois qu'il se plante.

Non, vraiment, le corps humain, attention hein, c'est quand même de l'ordre du royaume animal-insectes-larves, pas toujours très fin question discernement. Peut mieux faire. On repassera.

Tandis que nos langues continuent de jouer leur morceau de piano à quatre mains je me perds dans un soliloque intérieur digne des plus belles tragédies classiques : « Mais, euh ! Il est trop bien, ce mec ! Je ne veux pas reculer maintenant ! Je m'en fous de ce que tu dis ! » et à la fin de cet argumentaire (émouvant), je suis bel et bien décidée à faire usage de mon libre arbitre, et à faire abstraction des gentils messages que mon corps me transmet.

La fin de cette histoire féerique est telle que j'aurais dû l'anticiper.

Coucher avec lui ne m'a enrichie que d'une cystite (mince !). Une semaine plus tard il a admis n'être pas prêt à démarrer une relation sérieuse (double mince !) et devant cet échec qu'il avait tenté de m'éviter, j'ai bien cru entendre mon corps, un brin orgueilleux, me murmurer « bien fait ».

Mais le plus étonnant : pendant quelques longues semaines, cet homme a fait l'objet d'une mini-obsession chez moi. J'ai mis du temps avant de réussir à me le retirer du crâne, me suis rendue coupable d'acharnement sentimental. Ma passion pour le cochage de cases n'y est sûrement pas pour rien. Mais en réalité, je valide plutôt l'hypothèse qu'en me positionnant contre la prescription claire et directe de mon intuition, que j'avais réceptionnée cinq sur cinq, j'ai provoqué ma perdition. Et qu'en refusant d'écouter mes tripes je me suis peut-être conduite à en perdre… la tête.

45

À ma place

Mais au contraire, lorsque j'assume de vivre en alignement entre ma tête et mon corps, il me semble que ma vie se met à magiquement coïncider avec moi. Nous nous mettons, même, à nous ressembler toutes les deux.

Ces jours-ci, je me prépare à un saut dans l'inconnu : m'expatrier à l'étranger.

À Los Angeles, précisément.

J'y vais pour une durée indéterminée – maybe quelques années, maybe le reste de ma vie. Quoi qu'il en soit, pour la Parisienne de naissance que j'incarne, il s'agit d'une révolution. À trente ans : je n'ai jamais quitté mon 18e arrondissement... Il est temps de me frotter à l'ailleurs. En plus, c'est le bon moment : je suis sans enfant, sans mari, ma vie professionnelle progresse bien et je suis accueillie là-bas par des tas d'opportunités. Je le sens bien : c'est maintenant ou jamais.

Lors d'un premier voyage sur place, je suis prise d'un désir inédit : celui d'être tatouée pour la toute première fois. Je n'ai jamais particulièrement voulu marquer ma peau d'un trait irrévocable, mais, là, c'est différent : c'est de cette période de ma vie, pleine de promesse, dont je veux m'imprégner.

Lorsqu'une copine évoque le travail d'un tatoueur célèbre de Los Angeles, et que je découvre ses illustrations poétiques, si fines, j'ai le coup de foudre. Et en scrutant le site de cet artiste, un dessin en particulier retient mon attention. Un éclair de tonnerre duquel émanent des roses.

Je le reconnais immédiatement comme étant le mien. Il me le *faut*.

À mes yeux, il représente toute ma philosophie de vie, et tout ce que représente ce nouveau chapitre dans la mienne. Il dit que de chaque crise, un possible peut subvenir ; que la magie est présente parmi nous ; que nous ne sommes pas à l'abri des cadeaux de la vie.

Si cet artiste ultraconnu et ultrasollicité n'était pas sur-sur-surbooké, j'accourrais à son studio sur-le-champ. Malheureusement, sa liste d'attente est de deux ans. Autant dire que mes appels, mails, DMs, ne trouvent pas de réponse. Le mec est *busy*. Il se fout de ma vision, n'est pas intéressé par ma crise existentielle. Malgré mon doux harcèlement, du type, « Hey :) Je suis *French*, je viens de *Parisse*, je quitte *Los Angeles* dans seulement *three weeks*, j'adorerais trop trop trop *so much* avoir un tatouage avec vous, je suis prête à venir même à la *last minute* s'il y a une *cancellation* ! Pleeeeease ! Thank you so much xoxo », il reste de marbre.

Je suis donc obligée de me raviser, ce qui est une autre façon de dire : rebondir ! J'abandonne l'artiste mais pas l'idée, et me donne pour mission de trouver un tatoueur à Paris capable de me faire sa propre version de ce dessin. Fini de s'acharner : je lâche prise et je trace ma route. Je suis grande, maintenant.

Quelques jours après mon retour à Paris, je suis avachie sur mon canapé dans un duel de la mort contre mon décalage horaire.

Les yeux *scrollés* à Instagram.

Story après story après story, jusqu'à celle du tatoueur américain, dont je suis désormais les aventures. Celle de ce soir se déroule dans un aéroport… Que je crois reconnaître. Un aéroport que j'aurais même pratiqué il y a moins de quarante-huit heures… Roissy-Charles-de-Gaulle !

Je me relève d'un bond.

Sa story suivante est un steak-frites digne des bistrots les plus franchouillards.

Celle d'après est la Seine éclairée by night.

Whaaaat ?

Mon tatoueur de LA… *is in Parisse !*

Pleine d'adrénaline, j'ouvre une enquête. Découvre rapidement qu'il se trouve ici, dans ma ville, en même temps que moi, pour faire la promotion, lors d'un événement qui aura lieu au Bon Marché, d'une chaussure qu'il a dessinée.

Le lendemain, première heure, j'appelle le grand magasin. Au téléphone j'apprends que, oui, les interwebs disent vrai, mon tatoueur convoité sera présent au Bon Marché dans les prochaines semaines et que, oui, il peut procurer des tatouages et que, oui, en plus, il reste des places !

« … pour quand ? » je demande, timide.

La réponse me scie. « Après-demain ? »

Y a deux semaines, ça paraissait impossible à moins d'une attente de deux ans et là… Tout s'est ouvert ! J'ai le cœur en joie.

Mais pas autant que deux jours plus tard, lorsque, devant le Bon Marché, mon cœur manque de s'arrêter. Le long de sa façade, un immense panneau publicitaire m'apporte la cerise sur le cupcake. La raison de sa venue dans ma ville. L'expo organisée par le grand magasin, à laquelle il a été convié, réunit tout un tas de créateurs californiens. En levant les yeux vers le ciel, ébahie, je découvre le nom de l'exposition : « LOS ANGELES »

Je suis émue, tant cette mise en scène du destin est parfaite.

Un tatouage désiré, censé évoquer la magie de la vie qui peut survenir à tout moment, sera tracé sur ma peau au moment de mon existence où je m'apprête à quitter Paris pour LA, ma ville de naissance pour ma ville de cœur, l'endroit qui m'a vue naître pour l'endroit qui me verra renaître, par un artiste qui n'a, en soi, rien à faire ici puisqu'il habite ailleurs, là-bas, justement dans cette ville qui bientôt m'accueillera et qui a donné son nom à l'expo qui permet aujourd'hui cette aventure : « Les Anges. »

J'aime tant quand la vie se montre poétique avec nous.

46

Ouverte aux miracles

Mon grand départ est prévu dans deux mois. Je dis progressivement au revoir à un pan de mon existence : amis, famille, rues et souvenirs logés dans le moindre portique, à chaque station de métro, au fond des tasses de café Comptoirs Richard. Pour marquer cette transition, je m'inscris sur un coup de tête à un stage de méditation d'une semaine, en Dordogne.

J'y fais la connaissance de douze femmes, qui deviennent instantanément des proches. Elles représentent le cocon, le noyau de bonnes énergies sur lequel j'ai envie de m'appuyer avant de me propulser sur une nouvelle planète. Elles ont des âges, des styles de vie différents. S'appellent Kim, Sarah, Meshelle. Ont des enfants, n'en ont pas, en ont perdu en bas âge. D'emblée, je les aime. Au fil de la semaine, nous nous révélons davantage les unes aux autres, du bord de la piscine, à table, dans l'herbe sous le plus bel arbre du terrain. Le reste du temps, des méditations emplissent nos journées et déchargent nos cœurs.

Ces méditations sont le socle du stage. Souvent guidées par la voix de Lacy, l'organisatrice, elles nous poussent jusqu'aux frontières de notre conscience, et parfois, même, de l'autre côté. On explore. Nous amusons à revisiter mentalement le passé, à inventer l'avenir, à faire le vide en nous, à nous recréer. Grâce à elles, je prends de la hauteur.

De l'ampleur.

La dernière méditation du stage, cependant, me met une claque monumentale.

Il est 15 heures lorsque nous nous asseyons toutes en cercle... Déjà émues de la fin qui s'annonce. L'organisatrice fait vibrer sa cloche, puis sonner une musique aux sonorités indiennes et nous indique une respiration particulière : par le nez exclusivement, dans un rythme soutenu. Je me soumets à l'exercice.

Après une semaine de méditations, autant dire que mes barrières mentales ne résistent plus à rien. Je me laisse transporter sans attendre, grâce à une légère ventilation du cerveau. Des visions m'apparaissent, images claires et palpables. Lumineuses. Comme dans une transe, je me sens éveillée en plein rêve.

Tout à fait lucide dans un monde irréel.

Me voici en Grèce antique, douze siècles avant Jésus-Christ, discutant avec Atlas. Puis, dans la peau d'un homme dans un désert aride, mourant de soif. Je fais un grand discours devant les Nations unies et je suis applaudie. On m'offre un prix en me félicitant. Je vois notre Terre se recouvrir intégralement d'une lumière dorée. Rien n'a de sens mais tout est beau, et je suis en paix.

Lorsque j'aperçois venir maladroitement vers moi, plus vrai que nature, un bébé. Il a un an et demi environ, la tête couverte de bouclettes blondes. Son sourire est lumineux, inimitable. Le voici qui avance vers moi, pas à pas sans hésiter, qui s'approche encore, jusqu'à ce que mon esprit accepte de le reconnaître. Oh ! Je te vois, toi. Il s'agit de Lior.

Tout sourire, plein d'allégresse. Heureux ! Lior qui vient m'apaiser, me soutenir, me dire, dans un langage que je ne connais pas, comme tout va bien. Qui m'incite à voir comme tout, au final, fut parfait. Comme ma douleur ne m'aura pas empêché d'aller à la conquête de ma vie.

Reprécisons : je n'ai pas pris la moindre drogue.

J'ai juste respiré en cadence et par le nez, comme on me l'a demandé.

Je sais que mon cerveau se joue de moi et n'ai pas besoin d'être convaincue : ce scénario est inventé par mon imaginaire. Malgré tout, il est pour moi sentimental. Des larmes coulent paisiblement tandis que je souris, remplie d'une gratitude légère à porter.

Quand j'ouvre les yeux de nouveau, je suis pour le moins sidérée.

Je n'avais pas songé à ma fausse couche depuis si longtemps ! Depuis des années. Pourquoi s'est-elle incrustée ici, maintenant ? Je dois avoir effectivement évolué, puisque je n'ai pas besoin d'en faire une affaire d'État. Pour moi, la fausse couche, c'est du passé et cette vision ne change pas grand-chose à la donne. Je la prends pour un clin d'œil, raconte tout de même l'anecdote à Kim, respire un bon coup et avec hâte, vais me préparer pour le dîner du soir, qui me réjouit davantage.

Une heure plus tard, je suis apprêtée et à table, en compagnie des autres.

Nous trinquons en l'honneur de cette semaine si jolie qui se termine, lorsque je sens dans mon nombril, mon utérus qui travaille.

Serait-ce l'arrivée de mes règles ? Non, ça ne colle pas.

Je tente de penser à autre chose mais progressivement, la douleur gagne du terrain.

Se fait plus pressante.

Au point que je commence à trouver difficile de manger. De boire. De converser. J'ai *particulièrement* mal. Les temps d'accalmie réduisent. Qu'est-ce qui se passe ?

Je me confie à Kim, ma voisine à table, qui, avec son sourire rayonnant, me dit dans un ton chargé d'évidence : « Enfin Chloé, tu te souviens de la personne que tu as vue pendant ta méditation ? Regarde où tu as mal ! »

Sa phrase me gifle. Je suis estomaquée.

Dans les heures qui suivront, je vais petit à petit me tordre de douleur sous l'effet de contractions puissantes produites par mon utérus. Si douloureuses, même, que j'en pleure. Au bas du dos, j'ai mal au point de ne pouvoir me tenir droite. Mon plancher pelvien, pour la seule et unique fois de ma vie, est dur, tendu, me brûle ! Et mon ventre… Aucune science ne saurait l'expliquer, mais ce dernier apparaît soudain huit fois plus gros : rond et dur au toucher !

Tout dans mon corps indique que je suis en train… d'accoucher !

Sans accoucher pour autant.

Et ce, quelques petites heures seulement après l'apparition, mentale et inattendue, du bébé que j'avais perdu.

Je veux bien rester cartésienne, mais les synchronicités sont un peu fortes.

Démunie, tandis que les contractions me clouent au canapé, je ne peux que me soumettre au constat d'une conscience corporelle puissante, qui agit au-delà de l'imaginable, de l'explicable. Je visualise ce spectre logé en moi depuis toutes ces années, parvenu à trouver son issue. Ce sont bien des *heures* de contractions véritables, que j'observe alors. Suivies de courbatures à l'utérus, pendant plusieurs jours ensuite.

Quel génie que ce corps qui, pendant onze ans, retenait en lui ce monceau de notre histoire commune, la sienne autant que la mienne, et fut capable aujourd'hui de le relâcher ! Comme une peau morte qui, lorsque l'épiderme est parfaitement régénéré, se laisse perdre…

Les images mentales ont été rejointes par la chair, ses mouvements involontaires, et c'est ainsi, enfin réunifiée en moi-même, que j'observe ma totale libération.

J'accède – dans mes os – à ce que jamais cette société n'a su m'enseigner.

Mon corps est, à l'évidence, un animal vivant. Il ressent et comprend et se défend et communique et se répare, selon sa singulière personnalité. Il est savant, à mon sujet. Sait des détails qu'il m'arrive d'ignorer. Comprend les efforts que je fais pour abonder dans son sens. Il est un allié intelligent, un maître indulgent. Se positionner à son niveau comme à celui d'un enfant n'est pas preuve de faiblesse, mais offre une opportunité : celle de goûter à la richesse d'un monde sans défense, ouvert à soi. Reconnaître le merveilleux de son corps donne l'occasion de se rappeler ce qu'en naissant nous savions déjà. Que nous n'avons pas été conçues pour être les ennemies de nous-même.

Si je suis la vague, mon corps est l'océan.

Si je suis la fleur, mon corps est sa terre – et qu'importent les tempêtes, les éboulements ou les séismes…

Unie à lui, je serai ma lumière.

ÉPILOGUE

Ce n'est pas de soi qu'il faudrait autant se méfier, mais bien *d'eux* : de ces systèmes qui, en nous poussant à l'incohérence, nous incitent à jouer contre nos intérêts.

De ces industriels qui, sans notre consentement mais avec des moyens qui dépassent le nombre de neurones dans notre cerveau, éreintent nos organismes et brouillent nos instincts en mettent du sucre dans tout, des pesticides dans tout, du plastique partout. De ces publicitaires qui nous persuadent que nous les valons bien, les silicones, les colorants, l'aluminium cancérigènes contenus dans les crèmes anti-âge dont nous inondons nos systèmes endocriniens – comme si combattre l'âge était même une option. De ces marques qui nous promettent des vêtements à prix riquiqui, cousus par des mains de fillettes en échange d'une bouchée de pain. De ces experts de la tech qui envoient des garçonnets recueillir dans les mines congolaises le cobalt dont nous ne savons plus nous passer, puisqu'il est essentiel à nos batteries de smartphones et de voitures électriques. De ceux qui, en somme, nous rendent complices d'actions que la majorité des vivants voudrait ne pas cautionner.

C'est bien simple. S'il veut continuer à fabriquer des multimilliardaires déconnectés de la réalité, le capitalisme n'a d'autre choix que de nous déconnecter de nous-mêmes. De s'intercaler entre nous et ce qui, en nous, est imperméable au mensonge ; entre nous et ce qui y règne de plus authentique : nos sensations, nos valeurs, nos émotions, nos instincts. C'est à de la léthargie qu'il nous engage, à coups de *second screen* ou de réseaux sociaux qui se scrollent à l'infini.

Pour y résister, il nous faut de l'audace. Des tripes. Donc, du *corps*. Plus que jamais.

Pour se regarder à nu et agir en son nom propre. Pour s'opposer. Pour défendre ce qui est vulnérable en soi. Il faut de l'audace, des tripes, pour résister aux injonctions contradictoires et paradoxales. Pour fermer quelques heures sa connexion Internet, se reconvertir sur le tard, laisser des mails sans réponse pendant vingt-quatre heures. Il faut de l'audace, des tripes, pour croire aux miracles, pour investir son happy end, ne jamais renoncer à l'optimisme. Pour qu'une femme refuse de voir les autres comme des compétitrices, les enfants comme des inférieurs, les personnes âgées comme des meubles ou tous les hommes du monde comme des connards. Il faut de l'audace pour se faire son avis. Des tripes, pour tracer son chemin. Pour oser la nuance. Pour assumer un désaccord salvateur. Pour dire la vérité lorsque celle-ci n'est pas glorieuse. Pour prendre sa vulnérabilité au sérieux. Pour accorder la vie à ceux qui n'ont vécu qu'à nos yeux. Pour faire son deuil bruyamment. Pour écrire des lettres d'amour à son corps. Pour résister à faire du 36 dans une société grossophobe, comme pour assumer qu'on aimerait faire du 36 lorsque cette même société booste le body positive. Pour prendre sa créativité pour appui, son émotivité pour phare, ses valeurs pour moteur.

Il m'a fallu de l'audace, des tripes, pour lutter.

Il m'en a fallu plus encore pour mettre fin à ces luttes que je retournais contre moi.

En juin 2019, trois semaines avant d'emménager à Los Angeles – onze ans exactement après ma fausse couche – j'ai recroisé celui à qui j'avais, dans mon salon, dit non, non et non.

J'étais allée voir un spectacle et, contre toute attente, l'ami écarté jouait dedans, y remplaçait un autre comédien. Lorsque mes yeux l'ont vu se mouvoir sur la scène, ma réaction incontrôlée fut soudaine : cœur en vrac, jambes tremblantes, respiration bousculée. Mon estomac s'est noué et j'ai senti monter la nausée.

Tout de suite, je me suis réclamé du calme. « Respire, ma belle, me suis-je dit. Tu es capable de ça aujourd'hui, tu as fait le plus dur, ça fait *deux ans*, tout de même ! » L'espace de quelques minutes, j'ai voulu donner à deux ans dépassés plus de valeur que mon adrénaline prise de folie, que mes tympans bouchés, que la sensation d'avoir la peau grouillant de vers. Par réflexe, j'ai cherché à me dominer. À tout calfeutrer en moi.

J'ai pris conscience que, malgré tout, je n'étais pas indemne.

Devant cette pièce de théâtre, j'admets que je tenais à *rester*. Par principe, par orgueil. Je voulais assister à cette pièce, tel que je l'avais décidé lorsque je n'avais pas tous les éléments en main. Que ma trajectoire ne soit pas modifiée par une présence parasitaire. Je voulais aussi rester après la pièce, pour boire des verres avec les gens du métier, metteurs en scène et producteurs confondus, bénéficier de cet espace de rencontres. Je voulais sortir gagnante ou, en tout cas, m'en sortir sans n'avoir perdu davantage que je n'avais déjà perdu à cause de cette histoire. Vivre dans le déni, donc. Faire comme si je n'étais pas moi, comme s'il n'était pas *lui*. Exclure la vérité de cette situation.

Elle ne renonça pourtant pas, cette vieille amie têtue.

Mon cœur arythmique continuait, par ses boum boum, de me crier son conseil de sauvetage : « *Fuis ! fuis ! fuis, fuis !* » Mon dos s'était couvert de plaques rouges et sous mon t-shirt, celles-ci me brûlaient. Je ne voulais pas déserter et je ne voulais pas rester là. J'étais déchirée. Scindée. Encore.

Mais je n'arrivais pas à me concentrer sur les paroles des acteurs, à rattraper mon attention fugitive. Mes mains moites et tremblantes avaient la bougeotte, mon pouls cognait contre mes tempes. Il fallait me rendre à l'évidence : rester là, inerte et silencieuse, quand tout en moi appelait à courir, à donner des coups et à hurler, ne faisait absolument aucun sens. Est-ce que je profitais du spectacle ? Non. Est-ce que dans cet état j'allais réussir à charmer un quelconque metteur en scène ? Sûrement pas. Arriverais-je à libérer mon attention de la présence de celui qui m'avait blessée suffisamment longtemps pour passer une soirée qui en vaudrait la peine ? J'en doutais.

Mon corps, lui, ne doutait guère. Mon cœur ne cessait d'accélérer, tambourinait contre ma poitrine, *fuis ! cours ! pars !*, si bien que j'avais l'impression que toute la rangée percevait son aboi. Je perdais le contrôle sur ma respiration et c'est là, au centre de cette masse de spectateurs, que j'ai moi-même cessé d'en être une. Dans cet instant, j'ai préféré me rendre, le cœur ouvert, à quelques vérités…

Que j'avais assez donné.

Qu'il ne me restait rien à prouver.

Que je n'avais, pour le dire simplement, aucune obligation. Ni d'être forte ni de résister à ma perdition. Incarner la fille coupée en morceaux n'était plus nécessaire : bien au contraire. Désormais réunifiée, mon tour était venu de *trancher*.

Pour moi.

À l'idée que j'avais le droit de partir sans autre justification que mon besoin fondamental de le faire, j'ai senti mes épaules ramollir et tomber.

La salle plongée dans le noir, j'ai sorti mon téléphone pour envoyer un texto à un ami. « On dîne ensemble ? » lui ai-je proposé. On s'est rapidement donné rendez-vous au bistrot du coin de ma rue. Quand les lumières se sont rallumées pour l'entracte, j'ai rassemblé mes affaires à la vitesse d'une comète, me suis mise debout, ai pressé ceux qui devant moi me barraient le chemin et suis sortie par une issue de secours. J'ai fini par écouter ce que m'avaient dicté mon cœur, mon ventre, mes jambes, mes mains, mes poumons et ma peau, et j'ai fui.

Comme une lâche, comme une lionne. Jambes vacillantes, sternum ouvert, le ventre en feu. J'ai fui vers mon repos. Vers ma quiétude. Vers moi.

L'extérieur du théâtre offrait une vue sur tout Paris. C'est en l'admirant, appuyée contre un muret, que j'ai repris mon souffle. Les immeubles étaient hauts ; mais je l'étais davantage. Je n'étais *pas* calme. Mais aux commandes, oui. Souveraine en mon royaume. À mi-chemin entre la fugitive et la vaillante. Alignée de bout en bout. Entière.

Une fois les masques tombés, je me sentais, en redescendant l'avenue, une immensité de choses : déçue de ce faible dénouement en même temps que puissante. En colère et rassurée. Abattue et fiable comme un sol en chêne.

C'est alors que dans la lumière bleu-gris du ciel que le soleil venait de quitter, elle a émergé. La silhouette de cette femme que j'avais imaginée, petite fille, et cherché partout, s'était toujours trouvée logée à cette intersection tissée de dentelle. Non dans le contrôle, mais dans la maîtrise d'elle-même. Dans la certitude qu'elle n'avait aucune obligation de *devenir* quoi que ce soit. Qu'il n'y avait aucun résultat prédéterminé à atteindre.

Il n'y avait qu'à vivre, qu'à s'éprouver. Un pas à la fois, aussi loin que possible. Ni armée ni désarmée, mais préparée à tout ressentir et ne rien réduire.

Prête, peut-être, à *accueillir*.

J'avais droit à une vie imparfaite. À une action à moitié réfléchie mais nécessaire. Je pouvais exister tout en sachant que certaines décisions, y compris celle de courir loin de cette salle de théâtre, seraient à jamais de l'ordre de l'échec et de la plus triomphante des victoires.

Le plus essentiel étant que je ne craignais plus, à présent, de me planter fermement à l'endroit où ma présence m'était la plus indispensable. *Dans mon corps*. Calée. Sa sagesse m'accompagnerait désormais partout…

Lorsque mon visa américain me serait accordé, une semaine plus tard et que, éprise d'excitation mais saisie par l'inquiétude, je danserais comme une sauvage dans mon salon, pour relâcher mes nerfs…

Lorsqu'après l'ultime dîner dans mon appartement parisien, je regarderais partir dans la nuit mes six copines préférées, en sanglotant de toutes mes forces…

Lorsqu'à Los Angeles, je me réveillerais le deuxième matin, désorientée et joyeuse et incertaine et fière, en me demandant « qu'est-ce que je fiche ici ? », et que mes mains porteraient à ma poitrine inconsolée un grigri familier…

Lorsque, au milieu d'un *liquor store* délavé dans un quartier malfamé d'Hollywood, devant le regard d'un homme beau et barbu que je tenterais de séduire, j'ôterais mes sandales à talon afin d'apposer un pansement sur une ampoule douloureuse, préférant mon confort personnel à une première impression irréprochable…

Lorsqu'à cet homme je dirai *I love you*, quelques semaines plus tard, les joues chaudes, les yeux humides et le ventre chargé d'étoiles filantes, en sentant le sol se dérober sous moi…

Lorsque lui et moi, dans un avion en direction d'une île hawaïenne époustouflante, serions secoués par des vents d'une puissance telle que, malgré les hurlements apeurés de l'ensemble des passagers, les chutes dans le vide de la machine volante, nous ferions fusionner nos mains, croyant notre dernière heure venue, et que moi, soucieuse d'incarner l'espoir dont j'aurais soif, je me mettrais à respirer en conscience, avec régularité, en observant sans me dérober mon ventre grandir et rapetisser, mon mental se focaliser, mon courage me tenir, le tout sans ne jamais *me* quitter, jusqu'à finalement toucher de nouveau terre…

Lorsqu'à toutes les étapes de ma vie, mon corps resterait mon ancre incontournable…

Pour l'heure : ce dernier suait.

Rescapée de la salle de théâtre, mes esprits partiellement recouvrés, je suis arrivée la première au bistrot et m'y suis installé. J'ai piqué à mes voisins de table une cigarette, commandé un verre de blanc et inspiré à pleins poumons.

La nuit avait fini sa descente. Autour de moi, les gens bavardaient, riaient. En attendant l'ami sur les épaules duquel je déverserais toute la vérité, j'observais la vie parisienne qui bourdonnait alentour. Tous ces corps vivants dont j'éprouvais également le besoin ; leurs mains bavardes, leurs joues animées…

Deviner l'étendue des galaxies que retenaient ces corps me rendit humble.

Mon verre arriva, et fut posé sur la table ronde au pied en fonte.

Il était bien trop tôt pour le savoir mais, dans quelques petites années, je reviendrais m'asseoir ici même, mes cuisses collées contre celles de l'être aimé, rencontré en Amérique. Un homme puissant comme un soleil et doux comme un rayon de lune.

Sauvage autant que fiable.

Solide autant que fougueux.

Intègre.

Accoudée seule à cette petite table en ces minutes transitoires, je repense à cette longue trajectoire, elle qui me suit comme la chevelure d'une étoile filante. De la fausse couche dont je refusais la tristesse à ce refuge que je m'offre maintenant, et tout ce qui a existé au milieu. On ne peut pas considérer ces onze années comme une entrée fracassante dans la féminité, mais je crois que je suis enfin prête. Avoir un corps de femme, explorer son territoire, pour le meilleur et pour le pire, j'aime ça. Me sentir chanceuse de bout en bout, j'en suis capable. Je n'échangerais cette rencontre contre rien au monde. J'ai même envie d'aller *plus loin*. Car le chemin n'est pas fini. Dans quelques années seulement, cette table ne représentera déjà plus celle sur laquelle je me suis échouée, un soir aigre-doux d'été. Mais deviendra, pour mon amour et moi, le berceau de toutes nos journées. Le lieu de nos cafés et de nos tartines. Celui où nous rêverons nos lendemains. Où nous évoquerons les prénoms des enfants que nous désirons – à deux, cette fois, dans une harmonie parfaitement raccord. Les deuils du passé, que jadis je nommais « faiblesse », seront devenus ma puissance. Je les porterai à même la peau et cela n'empêchera pas cet homme d'origine étrangère de déclarer souvent, dans un français non réglementaire, une phrase malhabile qui fera battre mes cils, dépêcher mon cœur et rosir mes joues : « *Tu es jolissime…* », me dira-t-il. Je sourirai alors, de matin en matin, caressée au plexus, en me gardant bien de corriger sa faute…

Car désormais, je tiens à mes priorités.

À nos règles, je préfère la beauté.

REMERCIEMENTS

Je remercie mon éditeur, Christophe Guias, pour sa confiance renouvelée, sa bienveillance et sa patience, pendant toutes les années qui ont été nécessaires à la mise au monde de ce récit.

Je suis infiniment reconnaissante que, sur cette terre, il existe un Monsieur Pierre Marcovits qui veille sur moi, ainsi que sur mon usage de la langue française, depuis fort longtemps. Merci pour votre loyauté, votre rigueur, votre générosité. Continuons, si vous le voulez bien, à grandir ensemble.

Pour nos nombreuses discussions, toujours riches et porteuses, à différentes étapes de cette écriture, je remercie Yasmina Khaznawi.

Pour sa lecture attentive et bienveillante de la toute première version de ce livre, je remercie Floriane Andersen.

Pour l'extrême attention, la considération non-feinte, l'amour étincelant qu'elle a employé à la lecture des dernières versions de ce livre, ainsi que pour ses retours approfondis qui m'ont abreuvée, je remercie Georgia Robert.

Pour avoir offert à mon labeur un lieu calme, fleuri, à proximité d'une forêt gorgée de délicieuses mûres, je remercie Florent Maurin.

Pour m'avoir encouragée dans l'écriture comme dans la vie, je remercie mes indispensables ami.es, Alexandra Naoum, Randiane Naly, Florence Buttay, Tatiana Gousseff, Olivier Dote Doevi, ainsi que ma famille, Marian Hollings, Pascal Plot, Sylvie Ast-Plot, Mattias Plot et Cynthia Guttman.

Enfin, pour m'avoir suivie au bout du monde, pour m'avoir nourrie tandis que cette écriture m'absorbait, pour m'avoir obligée à mettre mon corps en mouvement quand je ne demandais qu'à le laisser assis devant un écran d'ordinateur, pour l'acceptation totale d'un mode de vie qui ne connaît pas de référence, pour tout ce que j'apprends en l'observant et tout ce qui s'ouvre en moi grâce à la profondeur de nos échanges, je remercie Elios, l'homme inimitable que j'ai la chance d'appeler *Amour*.

Pour la présence dans ma vie de l'ensemble des personnes citées ci-dessus, je me dois de remercier humblement ma bonne étoile.

TABLE

II

Les paumes

III

La peau

pca
cmb
édition pré-presse
livres numériques

44400 Rezé

IMPRIM'VERT®

Achevé d'imprimer
en mars 2024
par Corlet Imprimeur
14110 Condé-en-Normandie

Dépôt légal : mars 2024
N° d'Imprimeur : 24010315
Imprimé en France